ÉTICA EMPRESARIAL
Políticas de responsabilidade social em 5 dimensões

O GEN | Grupo Editorial Nacional – maior plataforma editorial brasileira no segmento científico, técnico e profissional – publica conteúdos nas áreas de ciências sociais aplicadas, exatas, humanas, jurídicas e da saúde, além de prover serviços direcionados à educação continuada e à preparação para concursos.

As editoras que integram o GEN, das mais respeitadas no mercado editorial, construíram catálogos inigualáveis, com obras decisivas para a formação acadêmica e o aperfeiçoamento de várias gerações de profissionais e estudantes, tendo se tornado sinônimo de qualidade e seriedade.

A missão do GEN e dos núcleos de conteúdo que o compõem é prover a melhor informação científica e distribuí-la de maneira flexível e conveniente, a preços justos, gerando benefícios e servindo a autores, docentes, livreiros, funcionários, colaboradores e acionistas.

Nosso comportamento ético incondicional e nossa responsabilidade social e ambiental são reforçados pela natureza educacional de nossa atividade e dão sustentabilidade ao crescimento contínuo e à rentabilidade do grupo.

FERNANDO DE ALMEIDA SANTOS

ÉTICA EMPRESARIAL

Políticas de responsabilidade social em 5 dimensões

- **Sustentabilidade – ESG**
- **Respeito à multicultura**
- **Aprendizado contínuo**
- **Inovação**
- **Governança corporativa**

2.ª *edição*

gen | atlas

- O autor deste livro e a editora empenharam seus melhores esforços para assegurar que as informações e os procedimentos apresentados no texto estejam em acordo com os padrões aceitos à época da publicação, *e todos os dados foram atualizados pelo autor até a data de fechamento do livro*. Entretanto, tendo em conta a evolução das ciências, as atualizações legislativas, as mudanças regulamentares governamentais e o constante fluxo de novas informações sobre os temas que constam do livro, recomendamos enfaticamente que os leitores consultem sempre outras fontes fidedignas, de modo a se certificarem de que as informações contidas no texto estão corretas e de que não houve alterações nas recomendações ou na legislação regulamentadora.
- Data do fechamento do livro: 10/07/2023
- O autor e a editora se empenharam para citar adequadamente e dar o devido crédito a todos os detentores de direitos autorais de qualquer material utilizado neste livro, dispondo-se a possíveis acertos posteriores caso, inadvertida e involuntariamente, a identificação de algum deles tenha sido omitida.
- **Atendimento ao cliente: (11) 5080-0751 | faleconosco@grupogen.com.br**
- Direitos exclusivos para a língua portuguesa
  Copyright © 2023 by
  Editora Atlas Ltda.
  Uma editora integrante do GEN | Grupo Editorial Nacional
  Travessa do Ouvidor, 11
  Rio de Janeiro – RJ – 20040-040
  www.grupogen.com.br
- Reservados todos os direitos. É proibida a duplicação ou reprodução deste volume, no todo ou em parte, em quaisquer formas ou por quaisquer meios (eletrônico, mecânico, gravação, fotocópia, distribuição pela Internet ou outros), sem permissão, por escrito, da Editora Atlas Ltda.
- Capa: Daniel Kanai
- Editoração eletrônica: Hera
- Ficha catalográfica

CIP-BRASIL. CATALOGAÇÃO NA PUBLICAÇÃO
SINDICATO NACIONAL DOS EDITORES DE LIVROS, RJ

S235e
2. ed.

Santos, Fernando de Almeida
Ética empresarial : políticas de responsabilidade social em 5 dimensões : sustentabilidade - ESG, respeito à multicultura, aprendizado contínuo, inovação, governança corporativa / Fernando de Almeida Santos. - 2. ed. - Barueri [SP] : Atlas, 2023.

Inclui bibliografia e índice
"Contém exercícios"
ISBN 978-65-5977-515-6

1. Ética empresarial. 2. Programas de compliance. 3. Governança corporativa. I. Título.

23-84300
CDD: 174.4
CDU: 174.4

Meri Gleice Rodrigues de Souza - Bibliotecária - CRB-7/6439

PREFÁCIO

Prezado leitor,

Prefaciar esta obra representa um estímulo para conduzi-lo ao conhecimento sobre a Ética Empresarial, em uma época em que ocorrem tantas adversidades. Nela, você será contemplado com o conteúdo escrito pelo renomado autor que há muito dedica seu tempo e sua experiência a este tema.

O enfoque deste livro consiste em capacitar pessoas que estejam comprometidas com os meios corporativos, para que aprendam a elaborar e implantar códigos de conduta e políticas de governança corporativa. O livro apresenta um roteiro munido de argumentos focado na consciência Ética Empresarial, cujos valores levam a um bom desempenho organizacional.

A abordagem do autor procura orientar as dimensões da Ética, provendo uma interpretação clara, bem estruturada e interessante, com assuntos que podem mobilizar uma pessoa a cumprir seu papel com competência. Seu propósito está em evidenciar a Ética nas empresas dentro de uma perspectiva prática, fundamentada em princípios e valores morais.

A Ética Empresarial está vinculada ao Código de Conduta da empresa, bem como à sua missão e ao conceito de Governança Corporativa. Dessa maneira, ressalta-se a importância de práticas sólidas, que constituam um roteiro às empresas para que elas aprimorem sua governança, mediante sua administração, bem como elaborar as suas relações com o ambiente externo, ou seja, normas que a regulam com a intenção de garantir a Ética, a transparência e a gestão.

Assuntos como transparência e *compliance* cresceram em razão das fraudes existentes nas empresas americanas, cujos fatos amplamente divulgados à época desses acontecimentos levaram à quebra daquelas organizações.

Esta obra encontra-se estruturada em quatro assuntos principais, composta de 16 capítulos, dos mais diversos temas contidos em uma conduta empresarial, ofertando uma diversificada contribuição ao leitor. Em cada capítulo, o leitor encontrará preciosas informações que demonstram a magnitude da Ética Empresarial. De leitura substancial, agradável e de fácil compreensão, seu conteúdo estimula o leitor a conhecer as questões aqui tratadas.

Na Parte I, estão agrupadas as cinco dimensões da Ética Empresarial e a necessidade de políticas institucionais. Nela, o autor explana que a construção de políticas éticas corporativas é um processo contínuo, cuja manutenção depende de seus gestores, dos controles internos, das práticas institucionais e da participação efetiva dos colaboradores.

A partir dessas premissas, as dimensões são integradas e desenvolvidas em conjunto, no qual a empresa deve se comportar com integridade e honestidade, assumindo a responsabilidade pelos seus atos.

A Parte II aborda as informações e demonstrativos de natureza social, ambiental e econômico-financeira. Nela, o autor considera que os paradigmas existentes no passado foram superados e, assim, a sociedade identificou que a sustentabilidade financeira e o desenvolvimento econômico são necessários, e que esses atributos devem estar em conjunto e combinado com os aspectos sociais, ambientais e econômicos.

Essas informações representam os instrumentos corporativos de natureza social, ambiental e econômica, que fornecem visibilidade da empresa.

A Parte III descreve um conceito relacionado à Ética Empresarial, que é a Governança Corporativa, um sistema que rege a empresa por meio de práticas, regras e processos, fortalecendo a organização e garantindo que seus interesses estejam alinhados aos de seus sócios, diretores, acionistas e outros que tenham interesses relacionados, como os órgãos de fiscalização e regulamentação.

Em essência, os princípios éticos acompanhados da Governança Corporativa trazem consigo a transparência empresarial. Embasada em princípios, a Governança Corporativa procura por um clima de confiança interno e externo. Por meio de programas em conjunto ao *compliance*, a Ética Empresarial fomenta todos os envolvidos a desempenhar as regras da prática empresarial, favorecendo o combate às fraudes.

Na Parte IV, o autor reúne os tópicos contemporâneos sobre Ética Empresarial, por exemplo, políticas empresariais para realizar uma gestão inclusiva, em que o leitor poderá ter uma visão distinta a respeito desse assunto, ou um tema de relevância dentro das políticas sociais.

Nesta obra, o autor esclarece ao leitor os diversos tipos de exclusão social, até mesmo aquelas que são associadas a outros fatores, como a exclusão econômica, que tem a peculiaridade da falta de condições financeiras, cujos motivos são os mais diversos. Enfim, o autor tem o cuidado de elucidar cada tipo de exclusão social, em uma linguagem clara e inteligente.

Aqui, há um destaque às pessoas com deficiência, uma vez que as empresas devem prever não somente procedimentos em suas normas de conduta a esse público, mas também consubstanciar ações para que suas estruturas estejam adaptadas às necessidades de funcionários com deficiência, inclusive nos planos de carreira. Todos esses aspectos devem estar previstos no Código de Conduta de Políticas Inclusivas da instituição, promovendo a igualdade de oportunidades e a possibilidade de todos se desenvolverem, assegurando a essas pessoas as condições de interação com todas as partes interessadas na empresa.

Desejo ao nobre autor, Fernando de Almeida Santos, muito sucesso, e ensejo ter reunido neste prefácio a ênfase que a obra merece. Construída com fundamentação teórica, exercícios e estudos de casos, certamente será bem acolhida pela comunidade acadêmica e pelo meio empresarial, além do público em geral interessado no assunto, que usufruirão deste importante material em suas trajetórias profissionais e acadêmicas.

Prof. Dr. Marcelo Eloy Fernandes
http://lattes.cnpq.br/3629961601254448
Pós-Doutorado em Programa de Ensino e em Ciências e Matemática;
Doutor em Engenharia de Produção; Mestre em Administração; e Graduado em Análise de Sistemas, Administração, Ciências Contábeis, Engenharia de Produção, Pedagogia e Gestão Pública.

SUMÁRIO

INTRODUÇÃO, 1
OBJETIVOS DO LIVRO, 3

PARTE I – AS CINCO DIMENSÕES DA ÉTICA EMPRESARIAL E A NECESSIDADE DE POLÍTICAS INSTITUCIONAIS, 5

Capítulo 1 – CONCEITO DE ÉTICA, 7

1.1 Dilemas Éticos, 7
1.2 Conceito de Ética, 8
1.3 Diferenças entre Ética e Moral, 9
    1.3.1 Ética, 9
    1.3.2 Moral, 9
1.4 Exemplos de Ética e Moral, 9
    1.4.1 Exemplo 1: plástico, 9
    1.4.2 Exemplo 2: divulgar uma *fake news* sem saber que era uma notícia falsa, 9
1.5 Exercícios, 9

Capítulo 2 – DESAFIOS DAS INSTITUIÇÕES EM RELAÇÃO À ÉTICA CORPORATIVA, 13

2.1 Fatores que Desafiam a Ética Corporativa, 13
2.2 Exercícios, 16

Capítulo 3 – AS CINCO DIMENSÕES DA ÉTICA, 19

3.1 Necessidade de Desenvolver Políticas Corporativas Éticas, Sustentáveis e Multiculturais, 19
3.2 Formulação das Cinco Dimensões da Ética, 19
3.3 Dimensão 1: Sustentabilidade – Aspectos Ambientais, Aspectos Econômicos e Aspectos Sociais, 21
    3.3.1 Aspectos ambientais, 22
    3.3.2 Aspectos sociais, 23
    3.3.3 Aspectos econômicos, 24
3.4 Dimensão 2: Respeito à Multicultura, 24
3.5 Dimensão 3: Aprendizado Contínuo, 25
3.6 Dimensão 4: Inovação, 26
3.7 Dimensão 5: Governança Corporativa, 27
3.8 Exercícios, 27

Capítulo 4 – CONSTRUÇÃO E IMPLANTAÇÃO DE CÓDIGO DE CONDUTA INSTITUCIONAL, 31

4.1 O Processo de Desenvolvimento e Implantação do Código de Conduta, 31

4.2 Proposta para Desenvolver o Código de Conduta de uma Instituição, 32

4.3 Exercícios, 33

Capítulo 5 – COMPONENTES E ABRANGÊNCIA DO CÓDIGO DE CONDUTA EMPRESARIAL, 37

5.1 Aspectos Necessários ao Código de Conduta, 37

5.2 Abrangência do Código de Conduta, 37

    5.2.1 Pessoas abrangidas, 38

    5.2.2 Assuntos abordados pelo Código de Conduta, 38

5.3 Exercícios, 39

PARTE II – INFORMAÇÕES E DEMONSTRATIVOS DE NATUREZA SOCIAL, AMBIENTAL E ECONÔMICO-FINANCEIRA, 43

Capítulo 6 – ORIGEM DOS DEMONSTRATIVOS DE NATUREZA SOCIAL, AMBIENTAL E ECONÔMICO-FINANCEIRA, 45

6.1 Carta da Terra, 46

6.2 Relevância e Tipos de Demonstrativos de Natureza Social, Ambiental e Econômico-Financeira, 48

6.3 Exercícios, 49

Capítulo 7 – RELATO INTEGRADO, 53

7.1 Concepção do Relato Integrado, 53

7.2 Objetivos Específicos do Relato Integrado, 54

7.3 Princípios do Relato Integrado, 55

7.4 Elementos de Conteúdo, 55

7.5 Os Seis Capitais, 56

7.6 Exercícios, 58

Capítulo 8 – A NECESSIDADE DE CONSTRUÇÃO DE INDICADORES, 61

8.1 Meio Ambiente, 61

8.2 Agentes Responsáveis pelas Políticas Sustentáveis, 63

    8.2.1 Órgãos públicos, 63

    8.2.2 Aspectos ambientais, 64

    8.2.3 Aspectos econômicos, 64

8.3 Organismos Internacionais, 64
8.4 Sócios e Administradores de Empresas Privadas, 65
8.5 Colaboradores de Instituições Públicas e Privadas, 66
8.6 Terceiro Setor, 66
8.7 População em Geral, 66
8.8 Estratégias para Elaborar Políticas de Sustentabilidade Corporativa, 67
8.9 O que são Indicadores e Como Utilizá-los?, 67
8.10 Papel dos Indicadores para Acompanhar o Desempenho ou *Performance*, 69
8.11 Necessidade de Indicadores de Natureza Social, Ambiental e Econômico-Financeira, 70
8.12 Exercícios, 70

Capítulo 9 – AVALIAÇÃO DE SUSTENTABILIDADE, 73

9.1 Exemplos de Políticas Sustentáveis, 73
    9.1.1 Sistema de gerenciamentos de resíduos sólidos ou gestão de logística reversa, 73
    9.1.2 Certificações ambientais, 74
9.2 Índice de Sustentabilidade Empresarial, 77
9.3 Indicadores Ambientais Nacionais, 78
9.4 Exercícios, 78

PARTE III – GOVERNANÇA CORPORATIVA, 83

Capítulo 10 – CONCEITO E MODELO DE GOVERNANÇA CORPORATIVA, 85

10.1 Conceito de Governança Corporativa, 85
10.2 Estrutura da Governança Corporativa, 86
10.3 Princípios Básicos de Governança Corporativa, 86
10.4 Exercícios, 87

Capítulo 11 – O FUTURO DA GOVERNANÇA CORPORATIVA E DAS POLÍTICAS ÉTICAS, 91

11.1 Tendência 1: Desenvolvimento das Políticas Gerais de Governança, Assim Como de Seus Instrumentos de Acompanhamento e Controle, 91
11.2 Tendência 2: Aperfeiçoamento das Instituições que Percebem a Necessidade da Implantação dessas Políticas de Governança Corporativa, 92
11.3 Tendência 3: Surgimento de Novos Instrumentos e Aperfeiçoamento dos Antigos, Como as Normas Internacionais de Contabilidade, 92
11.4 Tendência 4: Desenvolvimento do Relato Integrado e da Utilização cada Vez mais Comum de Informações de Sustentabilidade e Responsabilidade Social, Associados aos Dados Financeiros e Contábeis, 92

11.5 Tendência 5: Necessidade da Tecnologia da Informação para Garantir o Desenvolvimento, o Controle, a Transparência e, Consequentemente, a Ética, 92

11.6 Tendência 6: Transparência na Área Pública e no Terceiro Setor para Contribuir com a Ética, 93

11.7 Tendência 7: Necessidades das Políticas e Procedimentos Éticos para a Construção de uma Sociedade Melhor, 93

11.8 Tendência 8: Desenvolvimento de Instrumentos de Governança Corporativa para Micro e Pequenas Empresas, 93

11.9 Exercícios, 93

Capítulo 12 – PROPOSTA DE GOVERNANÇA CORPORATIVA PARA MICROENTIDADES E PEQUENAS EMPRESAS, 97

12.1 Construção e Implementação de Código de Conduta, 97

12.2 Demonstrações Obrigatórias, 98

12.3 Elaboração de Indicadores Mínimos, 99

12.4 Estrutura Jurídica da Empresa, 99

12.5 Exercícios, 99

Capítulo 13 – *COMPLIANCE*, 101

13.1 Atividades de *Compliance*, 101

13.2 Fraude e Erro, 101

13.3 Riscos de *Compliance*, 102

13.4 Custos do *Compliance*, 102

13.5 Instrumentos e Documentos de *Compliance*, 102

13.6 Legislação e Normas, 103

13.7 *Compliance* e Controle Interno, 103

13.8 Exercícios, 103

PARTE IV – TÓPICOS CONTEMPORÂNEOS SOBRE ÉTICA EMPRESARIAL, 107

Capítulo 14 – POLÍTICAS DE GESTÃO INCLUSIVA, 109

14.1 A Importância do Desenvolvimento de Políticas para Inclusão Social, 109

14.2 As Limitações de Recursos e a Exclusão Social, 110

14.3 A Importância do Desenvolvimento de Políticas para Inclusão Social, 111

14.4 Tipos de Exclusão Social, 112

14.5 Pessoas com Deficiência, 114

14.6 Desenvolvimento de Políticas Inclusivas Corporativas, 116

14.7 Projetos que Buscam a Inclusão Social, 116

14.8 Ações Necessárias para Inclusão Social nas Empresas, 117
14.9 Exercícios, 118

Capítulo 15 – A ÉTICA E A MULTICULTURA CORPORATIVA – ASPECTOS MULTICULTURAIS DA FORMAÇÃO DO POVO BRASILEIRO, 123

15.1 Ética e Multicultura, 123
15.2 Formação Étnico-Racial do Povo Brasileiro, 124
15.3 As Políticas de Ação Afirmativa como Valorização da Multicultura, 125
15.4 A Constituição Federal e os Direitos Relacionados à Multicultura, 128
15.5 A Importância de Conhecer a Multicultura e as Políticas Afirmativas, 131
15.6 Ações Necessárias das Empresas, 131
15.7 Exercícios, 131

Capítulo 16 – COMBATE À CORRUPÇÃO NO BRASIL, 135

16.1 Aplicação da Lei nº 12.846/2013, 135
16.2 Responsabilidade das Pessoas Jurídicas, 135
16.3 Atos Lesivos à Administração Pública Nacional ou Estrangeira, 136
16.4 Responsabilização Administrativa e Sanções, 137
16.5 Aspectos Considerados nas Sanções, 137
16.6 Infrações de Ordem Econômica, 138
16.7 Acordo de Leniência, 140
16.8 Exercícios, 140

RESPOSTAS DOS EXERCÍCIOS, 145

REFERÊNCIAS, 159

ÍNDICE ALFABÉTICO, 165

INTRODUÇÃO

Aprender sobre Ética Empresarial é fundamental para profissionais que atuam em todos os setores da sociedade, independentemente do nível hierárquico. É, também, necessário para empresários ou profissionais autônomos, pois possibilita melhores relações de convivência, além de evitar possíveis desgastes desnecessários, queda de produção ou litígios jurídicos.

Atualmente, há uma demanda por profissionais que saibam desenvolver e implantar políticas éticas institucionais, principalmente em uma sociedade com mudanças e desafios.

Este livro foi construído conforme as cinco dimensões da Ética, que são:

- Sustentabilidade.
- Respeito à multicultura.
- Aprendizado contínuo.
- Inovação.
- Governança Corporativa.

Espero que desfrute deste material e que possa contribuir para compreender a Ética de maneira ampla e sistêmica.

Um abraço,

Prof. Dr. Fernando de Almeida Santos

OBJETIVOS DO LIVRO

Os objetivos deste livro consistem em preparar o profissional com concepções éticas atualizadas e capacitá-lo para:

- Compreender os meios corporativos e outros ambientes sociais, de forma a ter claro os aspectos individuais e coletivos.
- Reconhecer as diferenças individuais e saber como atuar de maneira ética.
- Conhecer e saber elaborar políticas voltadas às cinco dimensões da Ética.
- Considerar a diferença da necessidade de construção de políticas éticas para a área pública ou privada, considerando os diferentes segmentos, portes empresariais, regiões e outras características.
- Saber como elaborar e implantar códigos de conduta corporativa e políticas de Governança Corporativa.

O livro é estruturado em quatro partes, totalizando 16 capítulos, com um formato didático e prático, além de exercícios com respostas.

PARTE I

AS CINCO DIMENSÕES DA ÉTICA EMPRESARIAL E A NECESSIDADE DE POLÍTICAS INSTITUCIONAIS

OBJETIVOS

- Identificar os desafios para as empresas em relação à Ética institucional.
- Conhecer e compreender as dimensões da Ética corporativa.
- Conhecer um Código de Conduta e saber implantar na empresa.
- Ter a consciência sobre a relevância da Ética para a sociedade.

CAPÍTULO 1

CONCEITO DE ÉTICA

"A medida do progresso de uma nação, assim como a medida do progresso de um indivíduo, deverá ser sempre sua disposição para aprender com a experiência alheia."
Paul Percy Harris, fundador do Rotary Club

OBJETIVOS
Este capítulo busca apresentar possíveis dilemas éticos, assim como definir e contextualizar a Ética.

COMPETÊNCIAS ADQUIRIDAS
- Compreender o conceito de Ética e de Moral e ser capaz de contextualizá-las na empresa.
- Saber contextualizar e ser sensibilizado para a necessidade de ações para garantia da Ética das instituições.

1.1 DILEMAS ÉTICOS

Cotidianamente temos dilemas éticos; portanto, a Ética é fundamental para enfrentarmos a construção de uma sociedade melhor. Como dilemas éticos podemos exemplificar:

- Um profissional pode utilizar um método antiético para atingir metas, como mudar a data da venda ou mentir para um cliente?
- Seu colega de trabalho cometeu um ato antiético ou ilegal. Deve denunciar?
- Está correto um funcionário receber um presente de um cliente ou fornecedor, ainda que não mude em nada a sua postura, nem prejudique a empresa?
- Um amigo solicita informações na hora da prova (cola). Devemos fornecer?
- É recomendável colaborar com um colega afirmando estar dirigindo em seu lugar um carro que foi multado na estrada, a fim de que ele não tenha a Carteira Nacional de Habilitação suspensa?
- Furar uma fila por estarmos com pressa, é uma postura adequada?
- Estacionar em uma vaga de estacionamento para idoso ou PCDs, por estar com pressa e observar que há outras vagas livres para eles.

Como pode observar, há dilemas éticos cotidianos, e a compreensão desses dilemas é fundamental para termos uma sociedade mais justa e com melhor ambiente de convivência.

1.2 CONCEITO DE ÉTICA

A Ética consiste em algo que muda conforme a sociedade, a época, os conceitos e até conforme o grupo em que os indivíduos participam. No caso da Ética corporativa, certamente, ela varia conforme a empresa ou o ambiente em que uma empresa está inserida, pois é reflexo da sociedade, dos produtos que comercializa, da cultura interna e de outros fatores que compõem esse ambiente.

A área Ciências Sociais estuda a vida social de indivíduos e de grupos de pessoas e a Filosofia é uma das suas subáreas. A Ética, porém, está inserida na Filosofia.

> O conceito "Ética" tem origem na palavra grega *ethos*, que significa "modo de ser" e representa as características de um grupo; portanto, representa a forma de agir de um coletivo, em relação à sua cultura e ao seu comportamento nessa sociedade. O conceito de Ética, porém, evoluiu na história, podendo ser considerado caráter ou conjunto de princípios e valores morais que norteiam a conduta humana na sociedade.

A Ética possibilita uma melhor vida em grupo, a melhoria da sociedade e o respeito dos indivíduos no contexto social.

A Ética é reflexo da época, da sociedade, do avanço tecnológico, das relações e ações individuais, enfim, do desenvolvimento de toda a sociedade. Não é possível pensar em aspectos éticos sem refletir sobre sustentabilidade, desenvolvimento e sobre as estruturas internas das organizações.

Embora deva ter forte influência na construção das normas e das leis, a ética não deve ser confundida com elas, pois também são reflexo da sociedade em que estão inseridas e servem para melhorar o ambiente, inclusive em relação aos aspectos éticos.

Muito se aborda sobre Ética, mas o que é Ética? Como ela pode contribuir na vida das pessoas? Como saber se seu conceito contribui de maneira prática para uma sociedade melhor?

A Ética é o campo que estuda os assuntos morais. Enquanto a Filosofia estuda de modo amplo os problemas relacionados à existência, aos valores morais, sociais e estéticos, a Ética é a parte da Filosofia que busca compreender o que motiva os indivíduos a agirem de determinada maneira e identificar os significados e as diferenças entre os conceitos de bom e mau, e de mal e bem.

Antigamente, a Ética estava muito limitada às normas de convivência, ao limite de ação, à autonomia e ao espaço entre as pessoas. Esse conceito, no mundo atual, necessitou ser ampliado, pois a sociedade, moderna e globalizada, demonstra claramente novas prioridades.

Atualmente, a população mundial já está acima de 8 bilhões de pessoas. Esse crescimento populacional, somado a fatores como consumismo e avanço tecnológico, obriga a sociedade a refletir sobre a escassez de recursos e aspectos multiculturais.

Essa sociedade moderna, consequentemente, traz novos problemas éticos, como maior escassez de recursos, novas doenças, ataque cibernético, entre outros. Também, tornam-se mais relevantes as temáticas como sustentabilidade, governança, responsabilidade social, bioética, ética legal e código de conduta. Esse fato exige mais pesquisas sobre a temática, profissionais especializados, além do desenvolvimento de novas tecnologias.

1.3 DIFERENÇAS ENTRE ÉTICA E MORAL

1.3.1 Ética

A Ética é um conceito relacionado à Moral, porém não é igual. A Ética busca fundamentar as ações morais pela razão.

> A Ética consiste no que fazemos com os outros, com a humanidade, com a natureza e com o planeta.
>
> A Ética é resultante da Moral, pois é fruto da reflexão sobre a moralidade.

1.3.2 Moral

A "Moral" tem origem na palavra latina *mores*, que significa "costume".
Uma pessoa que não se preocupa com o grupo é antiética, mas não é necessariamente imoral.

> A Moral é construída apenas com base na obediência e na preservação de hábitos e costumes sociais.

1.4 EXEMPLOS DE ÉTICA E MORAL

1.4.1 Exemplo 1: plástico

Usar plástico causa sérios prejuízos para a natureza. Ele impacta de forma gravíssima e direta na cadeia alimentar. Há trilhões de partículas de plásticos no oceano. Eles são ingeridos por diversos organismos marinhos, assim como substâncias químicas perigosas.

Logo, preocupar-se com alternativas sustentáveis é ético, porém consumir plástico não é considerado imoral.

1.4.2 Exemplo 2: divulgar uma *fake news* sem saber que era uma notícia falsa

Uma pessoa recebe um *fake news* que informa que um produto faz mal para a saúde. A imagem é falsa, mas com o objetivo de prevenir amigos, a pessoa imediatamente transmite a informação sem verificar a veracidade. O fato de não verificar e repassar é uma atitude antiética, mas não é imoral, até porque a intenção não foi de prejudicar as pessoas.

1.5 EXERCÍCIOS

1) Leia as afirmações a seguir e assinale a alternativa correta.
   - **I.** A palavra **Ética** tem origem grega, na palavra *ethos*, que significa "modo de ser", "costume", e representa as características de um grupo.
   - **II.** A Ética não tem relação com a Moral.
   - **III.** A Moral é resultante da Ética.

   a) As três afirmações estão corretas.
   b) Apenas a afirmação I está correta.

c) Apenas as afirmações I e III estão corretas.
d) Apenas as afirmações I e II estão corretas.
e) Nenhuma das afirmações está correta.

2) Leia as afirmações a seguir e assinale a alternativa correta.
   I. A Ética, para alguns pesquisadores, é considerada a área que estuda os assuntos morais.
   II. A Ética busca compreender o que motiva os indivíduos a agirem de determinada maneira.
   III. A Filosofia pertence à Ética.
   a) As três afirmações estão corretas.
   b) Apenas a afirmação I está correta.
   c) Apenas as afirmações I e III estão corretas.
   d) Apenas as afirmações I e II estão corretas.
   e) Nenhuma das afirmações está correta.

3) Leia as afirmações a seguir e assinale a alternativa correta.
   I. O conceito de Ética não evoluiu, pois preserva a sua origem do latim.
   II. A Ética pode ser considerada como caráter ou conjunto de princípios e valores morais que norteiam a conduta humana na sociedade.
   III. O crescimento populacional não tem relação com a escassez de recursos.
   a) As três afirmações estão corretas.
   b) Apenas a afirmação I está correta.
   c) Apenas a afirmação II está correta.
   d) Apenas as afirmações I e III estão corretas.
   e) Nenhuma das afirmações está correta.

4) São fatos que podem resultar em problemas éticos que merecem reflexão da sociedade moderna:
   a) Novas doenças.
   b) Ataque cibernético.
   c) Escassez de recursos.
   d) Ética na internet.
   e) Todas as alternativas anteriores consistem em problemas que merecem análise em relação aos aspectos éticos.

5) Assinale a afirmativa falsa.
   a) A principal preocupação da Ética é o desenvolvimento econômico e financeiro das instituições.
   b) Se preocupar com as pessoas é um dos aspectos da Ética.
   c) A Ética busca preservar o planeta, a humanidade e a natureza, portanto tem relação direta com o ambiente.
   d) A Moral é um conceito que tem relação com a Ética.
   e) A Ética busca fundamentar as ações morais pela razão.

6) Leia as afirmações a seguir e assinale a alternativa correta.
   I. A Moral é construída com base na obediência e na preservação de hábitos e costumes sociais.
   II. A palavra "Moral" tem origem na palavra latina *mores*, que significa "costume".
   III. A Moral não é influenciada pela sociedade.

a) As três afirmações estão corretas.
b) Apenas a afirmação I está correta.
c) Apenas as afirmações I e II estão corretas.
d) Apenas as afirmações II e III estão corretas.
e) Nenhuma das afirmações está correta.

7) Leia as afirmações a seguir e assinale a alternativa correta.
   I. Os problemas éticos não têm relação com o cotidiano.
   II. Podemos afirmar que os fins sempre justificam os meios.
   III. A Ética é fruto da reflexão sobre a moralidade.
   a) As três afirmações estão corretas.
   b) Apenas a afirmação I está correta.
   c) Apenas as afirmações I e III estão corretas.
   d) Apenas a afirmação III está correta.
   e) Nenhuma das afirmações está correta.

8) Assinale a afirmativa falsa.
   a) A Filosofia estuda problemas relacionados à existência, aos valores morais, sociais e estéticos.
   b) A Ética pertence à Filosofia.
   c) A Ética consiste no que fazemos com os outros, com a humanidade, com a natureza e com o planeta.
   d) A Moral é construída com base na obediência e na preservação de hábitos e costumes sociais.
   e) A Ética consiste na liberdade individual de cada um.

9) Fórum: exemplifique possíveis dilemas éticos sociais sem citar nomes de pessoas e de instituições. Atualmente, a sociedade possui dilemas éticos? Exemplifique.

10) Estudo de Caso – Empresa KVamos: você faria o evento?

    Carlos é dono de uma loja que pertence a uma rede de franquias para eventos denominada KVamos. A franquia é internacional, bem burocrática, tem diversas normas e padrões, como cores, regras de parceria, entre outros aspectos.

    A sua loja, localizada em uma cidade do interior do Brasil, tinha muitos clientes, mas atualmente está com dificuldade financeira e tem receio de ter que encerrar as atividades, por falta de capital de giro.

    Na loja há um bom espaço físico, com vários ambientes, mas, muitas vezes, parte fica ocioso. Carlos tem certeza de que essa ociosidade do espaço e as dificuldades são passageiras, pois tem estudo que demonstra o futuro crescimento do mercado. Inclusive, está em fase de finalização a construção de um grande centro comercial com investimentos significativos para a cidade. Ele deverá ser inaugurado no próximo ano e trará milhares de pessoas para a cidade.

    O investidor ficou sabendo que tem um grande evento na cidade na próxima semana, mas o local foi interditado pela prefeitura por questões legais e, provavelmente, será cancelado.

    Com o pouco dinheiro em caixa e com dificuldade de crédito bancário, Carlos teve uma ideia: convidar os empresários e políticos para fazerem o evento dentro da KVamos. Assim, eles contratariam a sua empresa.

Eles concordaram, mas têm algumas exigências:

a) As cores seriam alteradas, pois há patrocínios.
b) Não apareceriam nem o logo nem o nome da KVamos.
c) O *design* seria todo alterado.

Tais exigências são contrárias às normas da franquia, conforme documento que assinou, porém aceitar gerará um bom lucro e melhorá o fluxo de caixa.

Será uma ação pontual, que proporcionará ampliação de cerca de 35% do faturamento anual. Até para os donos da franquia da KVamos seria um ótimo negócio, pois evitaria perder a loja franqueada.

Ao entrar em contato com a Diretoria da KVamos, que fica no exterior, afirmaram que é possível realizar, mas tem que solicitar dois meses antes, pois necessita de aprovação do Conselho.

Carlos não quer deixar de ser franqueado, sendo essa a punição prevista no contrato por desobedecer às normas. Como a loja fica em uma região isolada, acredita que se fizer não terá problemas, pois não irão saber. Caso saibam, o evento já foi realizado e não iriam querer perder o franqueado.

Perguntas:

a) Carlos deve realizar o evento? Comente a sua resposta.
b) Caso Carlos realize o evento e a KVamos não fique sabendo, ele deve comunicar?
c) Carlos realizar o evento é uma postura ética?

CAPÍTULO 2

DESAFIOS DAS INSTITUIÇÕES EM RELAÇÃO À ÉTICA CORPORATIVA

Contextualização: A sociedade não muda de acordo com o tempo? E a Ética? Então, se a sociedade e a Ética mudam, quais são os desafios dessa sociedade? Quais os desafios das empresas?

A utilização da internet de forma indevida na empresa não era um problema no passado, mas hoje é um problema sério.

O *home office* (trabalho remoto), por sua vez, também impacta em aspectos trabalhistas, mudança comportamental e outros problemas contemporâneos.

Vamos refletir sobre isso?

OBJETIVOS
Este capítulo apresenta os principais desafios éticos corporativos atuais.

COMPETÊNCIAS ADQUIRIDAS
- Compreender os principais desafios éticos.
- Conhecer políticas institucionais em relação à Ética corporativa.

2.1 FATORES QUE DESAFIAM A ÉTICA CORPORATIVA

A tecnologia e a sociedade se transformam constantemente e o mesmo ocorre com a Ética. Essa transformação ética exige novas políticas e novas formas de pensar, independentemente do tipo de instituição. Na sociedade moderna, esse aspecto é ainda mais presente.

O grande desafio das instituições públicas ou privadas, nacionais ou internacionais, é atualizar as suas políticas e práticas de forma tão rápida que consigam atender à sociedade atual, que está sofrendo profundas e rápidas transformações. Essas mudanças impactam diariamente em questões éticas e, consequentemente, nas legislações, normas, ações e demandas.

Essa preocupação reflete nas empresas, que devem rever diversos aspectos, como:

- Políticas internas.
- Códigos de Conduta Empresarial.

- Processos produtivos, certificações e formas de preservar o meio ambiente.
- Formas de avaliações dos profissionais.
- Estratégias de marketing e a forma de se relacionar com a sociedade, inclusive interna.
- Meios de comunicação.
- Relatórios e demonstrativos para divulgação das práticas éticas.
- Ações sociais.

O desenvolvimento e a revisão desses aspectos nas instituições necessitam ser efetivos, não bastando apenas um regulamento, código ou regras internas. Portanto, é necessário três fatores:

> **Fator 1** – Com o desenvolvimento social e a evolução da comunicação, nos deparamos com muitas situações novas, visto que as leis e a sociedade nem sempre estão preparadas para elas, pois, muitas vezes, nem consideram a hipótese de que pode ocorrer o evento (SANTOS, 2009, p. 484).

Como citado, a sociedade está em constante evolução e a Ética é resultante dessa sociedade, portanto é comum surgirem novas demandas – e devemos nos adaptar a elas. Como exemplo, a empresa precisa ter políticas para:

- Utilização de computadores da empresa para atividades pessoais. Deve ser aceita? Quais os limites? Como regular?
- Utilização de computadores da empresa para olhar figuras ou ter relações consideradas imorais. Como a empresa deve agir? Qual a política interna que a empresa deve desenvolver? O que é considerado imoral?
- Fraudes pela internet. Qual o amparo legal? Qual o comprometimento da empresa? Como é caracterizado esse comprometimento?
- Plágio na internet. Como caracterizá-lo? Em qual situação a empresa pode ser responsabilizada?
- Participações em redes sociais. A empresa deve proibir, regular ou se omitir? Como proibir ou regular?
- Espionagem industrial ou competição desleal de concorrentes. Como prevenir ou proibir? Quais as ações que devem ser tomadas para prevenção?
- O descarte de produtos eletrônicos e outros que agridem a natureza. Como agir? Qual a política para regulamentar?
- Código de Defesa do Consumidor. O que o Código impacta nas políticas internas da empresa? Como realizar ações preventivas?
- Realização e divulgação das ações sociais ou de cidadania. Como instituir? Como incentivar? Qual o grau de comprometimento da empresa e dos seus colaboradores?
- Assédio moral, assédio sexual, discriminação racial ou social. Como regular internamente de forma preventiva? O que fazer após a ocorrência?
- O aumento da tecnologia, ocasionando impacto na natureza, na saúde, no comportamento e outros.
- Aspectos éticos relacionados à medicina, como a possibilidade de alteração genética, a produção e venda de órgãos, remédios com o objetivo de amenizar os problemas de saúde e não com o foco em prevenir doenças e até a possibilidade de clonar animais.

CAPÍTULO 2 • DESAFIOS DAS INSTITUIÇÕES EM RELAÇÃO À ÉTICA CORPORATIVA

- A biometria comportamental, a verificação da identidade por meio de como a pessoa fala, age, anda ou se move não é novidade, mas há empresas que estão fazendo banco de dados de biometria comportamental a fim de compreender individualmente o perfil do consumidor e da sociedade em geral.
- Aspectos como banco de dados, redes sociais, acesso indevido de informações e novas formas de comercialização e de dados e de serviços ou produtos.
- O sistema de ensino, passando do tradicional para o híbrido ou a distância. Nessa passagem, todo o paradigma tradicional de sala de aula é alterado, com a Tecnologia da Informação presente em aula e com um novo formato para construção do conhecimento.

São diversos os exemplos que podem ser citados, e as instituições devem ter políticas preventivas, acompanhar tendências sociais e precisam ser ágeis para ações eficazes, no tempo necessário. Uma falta de postura ou de ação da empresa pode levar até a uma crise ou desgaste na imagem do produto ou da instituição.

Enfim, as instituições devem compreender essas mudanças e se adaptarem aos novos tempos, sempre visualizando o futuro.

Fator 2 – A Ética e a responsabilidade social devem ser práticas cotidianas (SANTOS, 2009, p. 485).

As empresas, por meio de suas políticas, devem ter ações cotidianas. Não adianta a empresa ter um rígido código de Ética se ele não é aplicado ou se, na prática, não reflete a sua realidade. Um exemplo é uma empresa que, em sua missão, afirma ter responsabilidade social, mas que cotidianamente realiza ações que desrespeitam o seu quadro de funcionários ou que não realiza ações preventivas para evitar a produção de resíduos. As posturas éticas devem ser uma prática de todos, principalmente dos gestores.

Empresas muitas vezes realizam treinamentos comportamentais, promovem semana da Comissão Interna de Prevenção de Acidentes (CIPA) ou realizam palestras sobre relacionamento com o cliente, com fornecedores ou outros. Tais ações não podem ser isoladas e devem fazer parte de um plano estratégico geral, com planejamento revisto periodicamente e acompanhamento dos resultados. Tal plano deve conter a construção de um código de conduta e políticas de governança que possibilitem a participação de representantes de diversos setores e diferentes níveis hierárquicos.

A habitualidade de uma prática ética constante, com a participação de todos, transparência e responsabilidade social, é uma necessidade da empresa. Ações isoladas muitas vezes pouco contribuem. Um exemplo é a participação em projetos sociais com o objetivo de arrecadar donativos para pessoas carentes, porém apenas em períodos natalinos. Nesse caso, ainda que as pessoas se beneficiem, pouco contribui para a transformação social.

Fator 3 – Há a necessidade não apenas de tolerância, mas de aceitar, respeitar, conviver e saber que há muito para aprender com a multicultura (SANTOS, 2009, p. 485).

Em relação à multicultura, precisamos **aceitar**, **respeitar**, **conviver** e **aprender**.

Diferenças podem ser algo muito rico para o desenvolvimento institucional, além da sua promoção gerar um ambiente mais agradável, humano e, sem dúvida, com melhores resultados. As pessoas são diferentes por motivos culturais, raciais, sociais e até pelas suas próprias experiências internas e externas à empresa. As instituições devem promover que todos aceitem, convivam, respeitem e, sempre que possível, aprendam com o próximo. As diferenças podem ser algo muito rico para o desenvolvimento institucional, além de a sua promoção poder gerar um ambiente mais agradável, humano e, sem dúvida, com melhores resultados. Destaca-se que se limitar a apenas tolerar o outro impacta negativamente no ambiente corporativo.

16 ÉTICA EMPRESARIAL

As ideias e as reflexões, assim como a informação – de qualidade ou não – transitam e integram as diferentes sociedades e corporações.

No convívio diário, em um ambiente corporativo, é sempre importante construir ambientes e relacionamentos de respeito, independentemente da situação em que estamos.

A multicultura pode ser observada de muitas formas, e os profissionais apenas crescem com o respeito e a convivência conjunta.

Atualmente, observam-se mudanças nas relações de trabalho, com mais profissionais sem vínculo trabalhista formal, além de ser crescente o número de pessoas que trabalham a distância ou poucas horas por dia. Esse fato distancia ainda mais as pessoas, sendo muito importante uma postura de construção conjunta.

2.2 EXERCÍCIOS

1) Em relação à Ética Empresarial, é possível afirmar que:

   a) Ela não se renova, apenas muda conforme a região.
   b) Da mesma forma que a sociedade se renova, a Ética Empresarial se altera.
   c) Demora séculos para sofrer alterações.
   d) É constituída na abertura da empresa e nunca deve ser alterada.
   e) Deve ser alterada apenas quando tiver problemas jurídicos.

2) Sobre a sociedade atual, assinale a alternativa correta.

   a) Possui os mesmos princípios e forma de agir há séculos.
   b) Muda de forma lenta e constante.
   c) Temos a certeza da constante mudança.
   d) As mudanças tecnológicas são frequentes, mas não alteram, de fato, os aspectos sociais.
   e) A tecnologia não impacta em aspectos éticos.

3) São aspectos que impactam no comportamento da sociedade:

   a) Aumento populacional.
   b) Diversidade cultural.
   c) Acesso à informação.
   d) Mudanças nas relações de trabalho.
   e) Todas as alternativas anteriores.

4) São desafios éticos das instituições:

   a) Os derivados das mudanças sociais, a necessidade da prática cotidiana e o respeito à multicultura.
   b) Os princípios humanos e materiais.
   c) Os derivados das mudanças naturais, a necessidade da prática anual e o respeito à individualidade.
   d) Os resultantes da necessidade de reflexão individual, o corporativismo e o resultante do avanço tecnológico.
   e) Os derivados da necessidade de as pessoas serem diferentes e a garantia dos pensamentos individuais.

5) São exemplos de práticas cotidianas de políticas éticas:

   a) A Semana Anual da Comissão Interna de Prevenção de Acidentes (CIPA).
   b) Realização de treinamento para conscientização do funcionário ao ingressar.

CAPÍTULO 2 • DESAFIOS DAS INSTITUIÇÕES EM RELAÇÃO À ÉTICA CORPORATIVA   17

   c) Prática de respeito ao funcionário ao ser desligado, com entrevista demissional e política de apoio e orientação para recolocação ou reposicionamento no mercado profissional.
   d) Políticas éticas construídas e implantadas, com um conjunto de ações que envolvam a comunidade interna e a sociedade.
   e) Criação e divulgação da missão institucional.

6) Leia as afirmações a seguir e assinale a alternativa correta.
   I. As instituições devem compreender as mudanças e se adaptar aos novos tempos, sempre visualizando o futuro.
   II. As empresas devem buscar saber quais mudanças na sociedade afetam o seu negócio e a Ética Empresarial. E por meio desse conhecimento, realizar ações reativas, ou seja, após acontecer algo negativo para a empresa.
   III. É necessário as instituições desenvolverem políticas éticas preventivas.
   a) As três afirmações estão corretas.
   b) Apenas a afirmação I está correta.
   c) Apenas as afirmações I e III estão corretas.
   d) Apenas a afirmação III está correta.
   e) Nenhuma das afirmações está correta.

7) Leia as afirmações a seguir e assinale a alternativa correta.
   I. Atualmente, há muita facilidade de transporte de objetos, de pessoas e de informação, e isso impacta em aspectos éticos.
   II. As ideias e as reflexões, assim como a informação – de qualidade ou não – transitam e integram as diferentes sociedades e corporações.
   III. Na sociedade atual, a multicultura é menos presente do que em séculos anteriores.
   a) As três afirmações estão corretas.
   b) Apenas a afirmação I está correta.
   c) Apenas a afirmação III está correta.
   d) Apenas as afirmações I e II estão corretas.
   e) Nenhuma das afirmações está correta.

8) Leia as afirmações a seguir e assinale a alternativa correta.
   I. As redes sociais impactam no comportamento das pessoas e, consequentemente, nos procedimentos éticos da sociedade.
   II. A internet tem influência em aspectos morais.
   III. As alterações nas relações de trabalho impactam em procedimentos éticos.
   a) As três afirmações estão corretas.
   b) Apenas a afirmação I está correta.
   c) Apenas as afirmações I e III estão corretas.
   d) Apenas a afirmação III está correta.
   e) Nenhuma das afirmações está correta.

9) Fórum: WhatsApp
   a) As pessoas mudam o comportamento no WhatsApp e em outras redes em relação aos momentos presenciais? Escrevem ou gravam mensagens que falariam?

b) É mais fácil se expressar ou até dizer algo desagradável para alguém por meio das redes sociais?
c) Você muda a linguagem nas redes sociais? Em caso positivo, por quê?

10) Estudo de Caso – Empresa Dose Tripla: regra é para todos

A empresa Dose Tripla é uma empresa pequena, mas está em crescimento e perdeu a sua melhor cliente, que compra habitualmente valores significativos. A Diretora-Geral Sra. Antônia Maria verificou que o motivo foi o fato de a cliente não conseguir ser atendida por telefone, durante 2 horas, no período da tarde. A Dose Tripla possuía apenas três linhas telefônicas e todas estavam sendo usadas no momento.

Verifique o perfil e os motivos alegados pelos funcionários:

Atendente 1	Atendente 2	Atendente 3
Sra. Beatriz	Marcos	Sr. João
72 anos	19 anos	42 anos
Atendente sênior: trabalha na empresa há 25 anos, de alta confiança. Sempre foi excelente atendente, inclusive foi homenageada no ano passado como melhor funcionária.	Atendente júnior: contratado fazia 2 meses. Demonstrava muita alegria pelas atividades, sempre sorrindo e muito atencioso.	Gerente de relacionamento com o cliente: profissional de confiança, irmão do dono da empresa, muito dedicado. Responsável pelo crescimento da empresa. Atualmente, não é Diretor, mas participa da gestão.
Motivo das ligações: Organizava sua festa de bodas de 50 anos de casamento.	Motivo das ligações: Sua mãe necessitava ser hospitalizada, ele é filho único e quem cuida dela. Estava verificando a possibilidade de ser atendido pelo plano de saúde.	Motivo das ligações: Conversava com um amigo sobre o futebol de final de semana.

Nenhum dos três funcionários tinha histórico de indisciplina nos registros, mas a empresa não tem controle.

A Sra. Antônia achou que isso era um absurdo e que todos deveriam ser punidos. Como a empresa não possui normas internas para essa situação, decidiu demiti-los. Considerou que poderia ser um bom exemplo para todos, além disso, havia feito um estudo de custos e verificou que se tivesse pessoas trabalhando em casa (*home office*), sem vínculo, teria menos gastos.

A Diretoria-Geral também contratou um atendente novo com o perfil do atendente 2, Marcos, por um salário menor, pois considerava que uma pessoa interna para a área poderia fazer falta.

Perguntas:
a) A Sra. Antônia tomou a melhor decisão para empresa? Comente.
b) A decisão da Sra. Antônia foi ética?
c) Como a empresa poderia ter evitado o fato?

CAPÍTULO 3

AS CINCO DIMENSÕES DA ÉTICA

OBJETIVOS

O objetivo deste capítulo consiste em apresentar as cinco dimensões da Ética Empresarial: sustentabilidade, respeito à multicultura, aprendizado contínuo, inovação e governança corporativa.

COMPETÊNCIAS ADQUIRIDAS
- Compreender as dimensões da Ética e das cinco dimensões que a compõem.
- Saber que as dimensões da Ética são relacionadas e devem compor o cotidiano das empresas, de forma multicultural, respeitando as diferenças individuais, como: crenças, religiões, gêneros, origem e formas de participação e interação dos indivíduos na sociedade.

3.1 NECESSIDADE DE DESENVOLVER POLÍTICAS CORPORATIVAS ÉTICAS, SUSTENTÁVEIS E MULTICULTURAIS

A globalização e as diferenças individuais são aspectos que se desenvolvem de maneira combinada e paralela, de forma que as pessoas, as empresas e o estado devem se unir com o objetivo de construir uma sociedade mais justa, solidária, ética, sustentável e com responsabilidade social.

As diferenças individuais citadas existem devido às desigualdades sociais, econômicas, culturais, religiosas, raciais e até comportamentais ou históricas.

Não é possível continuar o desenvolvimentismo e a construção da sociedade sendo indiferente a essas questões, portanto é necessária a criação de políticas públicas e institucionais que contemplem o terceiro setor, as entidades governamentais, as empresas, as pessoas físicas, enfim, toda a sociedade.

3.2 FORMULAÇÃO DAS CINCO DIMENSÕES DA ÉTICA

A Ética Empresarial não é implantada de forma imediata em uma empresa ou por meio de uma determinação legal ou norma interna. Ela é construída por meio da evolução histórica da instituição. Inclusive, pequenas empresas familiares devem ser construídas de forma ética, para quando crescerem passarem esses valores para os seus sucessores. Mudar a postura de uma empresa transformando-a em Ética e responsável é muito mais difícil, podendo gerar demissões e até problemas legais se o processo não for conduzido de maneira adequada.

Há empresas e até governos que consideram necessário para crescer e se desenvolver agir de maneira antiética, sem sustentabilidade e sem responsabilidade social, pois "crescendo o bolo" é possível dividir depois e contribuir com a sociedade. Esse pensamento, além de destrutivo, não representa a realidade. No Brasil mesmo, há várias gestões corporativas que são exemplos de comprometimento com a sociedade. Este livro demonstrará algumas dessas gestões.

Portanto, é importante deixar claro que a construção de políticas éticas corporativas é um processo contínuo, que requer o desenvolvimento da prática cotidiana, devendo ser subsidiado por normatizações e avaliações internas. A sua manutenção, por sua vez, depende efetivamente do exemplo dos gestores, dos controles internos, das práticas institucionais e da participação efetiva dos colaboradores.

Possuir um ambiente ético, colaborativo e com compromisso social é algo que reflete na autoestima dos colaboradores e na efetividade de uma sociedade mais justa.

As cinco dimensões da Ética foram desenvolvidas para que as pessoas compreendam que não é possível refletir sobre Ética analisando o contexto de maneira fragmentada, pois devemos ter claro todas essas dimensões para desenvolver políticas éticas.

É importante destacar, também, que as dimensões não possuem uma relação hierárquica, nem uma classificação por nível de importância, sendo numeradas apenas para facilitar a sistematização e a análise. As dimensões devem estar integradas e serem desenvolvidas de forma conjunta.

Refletindo sobre esses aspectos e conforme as experiências corporativas, foram criadas as cinco dimensões da Ética Empresarial, citadas a seguir.

Nesta abordagem, inicialmente será enfocado o conceito de Ética e as cinco dimensões da Ética Empresarial: sustentabilidade, respeito à multicultura, aprendizado contínuo, inovação e governança corporativa, conforme demonstrado na Figura 3.1. Observe que a sustentabilidade é composta de três elementos: aspectos econômicos, sociais e ambientais, conforme a Figura 3.1 o *Triple Botton Line* (linha de três pilastras), criado em 1990 pelo inglês John Elkington.

As cinco dimensões da Ética Empresarial são resultantes das experiências corporativas, da vivência e de pesquisas, com o objetivo de elaborar e implantar políticas institucionais.

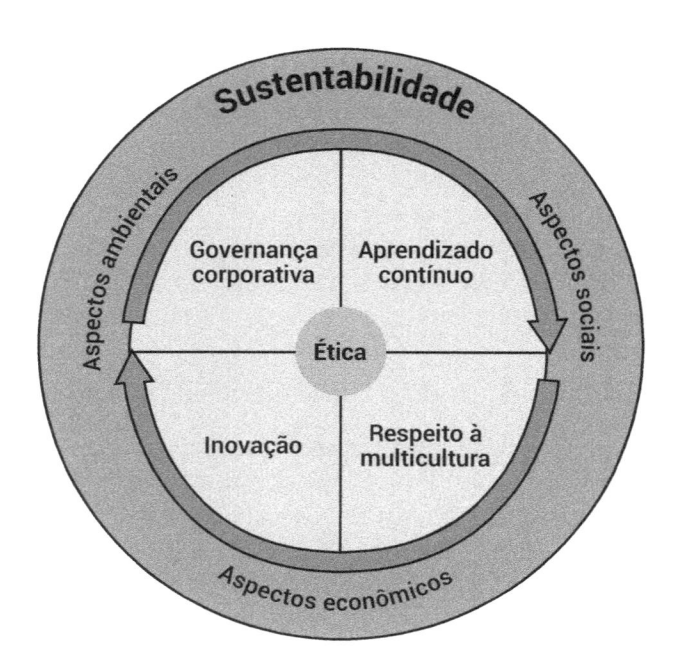

FIGURA 3.1 As cinco dimensões da Ética Empresarial.

As dimensões podem ser:

- Para definir a abordagem: determinam os limites da Ética corporativa; são as dimensões: sustentabilidade e respeito à multicultura.
- Operacionais e de desenvolvimento: utilizadas para conseguir operacionalizar as políticas de Ética corporativa com acompanhamento do desenvolvimento da sociedade em que está inserida e do mundo globalizado. São elas: governança corporativa, aprendizado contínuo e inovação.

QUADRO 3.1 Classificação das dimensões da Ética corporativa

Classificação da dimensão	Dimensões
Para abordagem	Sustentabilidade
	Respeito à multicultura
Operacionais e de desenvolvimento	Aprendizado contínuo
	Inovação
	Governança corporativa

3.3 DIMENSÃO 1: SUSTENTABILIDADE – ASPECTOS AMBIENTAIS, ASPECTOS ECONÔMICOS E ASPECTOS SOCIAIS

A Ética, como citado, representa o conjunto de princípios e valores morais que norteiam a conduta humana na sociedade. Portanto, para uma sociedade permanecer existindo, um dos fatores relevantes é a sua sustentabilidade.

> A palavra **sustentabilidade** tem origem na palavra "sustentável", que é oriunda de *sustentare*, do latim. Sustentabilidade consiste em contar com estratégias e ações que garantam atitudes ambientais, sociais e econômicas justas e legais e que assegurem a existência e a manutenção dos recursos.

Sustentare significa sustentar; portanto, conservar, manter, dar suporte, possibilitar, defender, cuidar.

O conceito de sustentabilidade foi difundido a partir da Conferência das Nações Unidas sobre o Meio Ambiente Humano, conhecida também como Conferência de Estocolmo, em 1972.

Em 1992, foi realizada no Rio de Janeiro a Conferência sobre Meio Ambiente e Desenvolvimento (ECO-92). No evento, foi consolidado o conceito de desenvolvimento sustentável. A ECO-92 deu origem à Agenda 21, que foi um marco, pois estabelece a necessidade do comprometimento dos países com as soluções dos problemas socioambientais.

Portanto, a busca da sustentabilidade consiste em planejamento e estratégias para assegurar os recursos para as gerações atuais e futuras.

Logo, a sustentabilidade é composta do *Triple Bottom Line* (linha de três pilastras), ou "Tripé da Sustentabilidade", formado por aspectos ambientais, sociais e econômicos. Da sustentabilidade resultam três intersecções: Socioambiental, Ecoeficiência e Socioeconômica, como pode ser observado no Quadro 3.2 e na Figura 3.2.

QUADRO 3.2 Intersecções do *Triple Bottom Line*

Amplitude da sustentabilidade organizacional	Intersecção
Ambiental e social	Socioambiental
Social e econômica	Socioeconômica
Econômica e ambiental	Ecoeficiência
Ambiental, social e econômica	**Sustentabilidade organizacional**

Fonte: baseado em Savitz e Weber (2007); Dyllick e Hockerts (2002); e Elkington (1999).

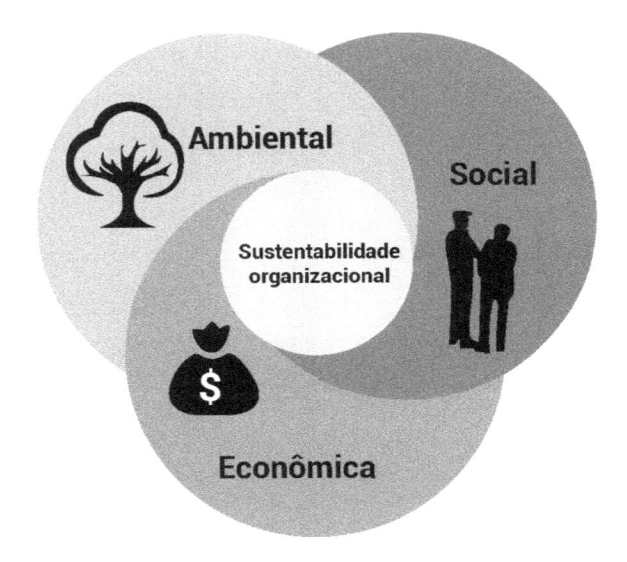

FIGURA 3.2 Sustentabilidade organizacional.

Fonte: elaborada por Filipe de Almeida Santos. Baseado em: Savitz e Weber (2007); Dyllick e Hockerts (2002); e Elkington (1999).

3.3.1 Aspectos ambientais

A empresa deve se preocupar com o impacto ambiental proveniente do seu processo produtivo, da utilização de recursos por seus colaboradores, das suas instalações, da forma como a comunidade em que está inserida está se desenvolvendo, enfim, com um conjunto em que está relacionada.

Por exemplo, uma empresa se preocupa em desenvolver ou utilizar um método de produção considerado muito adequado, que polui pouco e que não gera ou gera uma quantidade mínima de detritos. O fato de agir dessa maneira não significa que as suas instalações não têm impacto ambiental. Houve uma preocupação com o sistema de produção, mas não com o todo das instalações, e a empresa gera lixo do escritório, dos fornecedores, do restaurante que fornece alimento para a empresa (inclusive que foi aberto para atendê-los) e dos clientes. Observe que a empresa se preocupou com o processo produtivo, mas não com a sua relação global com o meio ambiente.

É importante deixar claro que os impactos ambientais podem ser vários, portanto, são necessárias ações das empresas como:

- Verificar se os insumos e outros materiais utilizados têm impacto ambiental.
- Verificar a forma de produção dos insumos e outros materiais utilizados, evitando inclusive produtos elaborados por profissionais em condições inadequadas.
- Analisar formas de reaproveitamento do lixo ou da perda.
- Buscar melhorias de processo e certificações.
- Criar métodos para calcular o impacto ambiental e buscar anulá-los, ou, se não for possível, minimizá-los ou compensá-los.
- Elaborar políticas com o objetivo de orientar os colaboradores, com propostas preventivas ou corretivas.

Portanto, o impacto ambiental das empresas deve ser um aspecto a ser refletido na elaboração das políticas éticas.

3.3.2 Aspectos sociais

Para as empresas desenvolverem ações com sustentabilidade em relação aos aspectos sociais, além das ações possíveis citadas em relação aos aspectos econômicos, podem-se mencionar outras, como:

- Criar e promover políticas interna e externa justas, com transparência e Ética, englobando crescimento profissional, remuneração e outros aspectos.
- Desenvolver ações que incentivem o convívio harmonioso entre os funcionários, fornecedores, clientes e outros membros da comunidade interna ou externa.
- Divulgar ações que valorizem todos os agentes que direta ou indiretamente estão envolvidos com a gestão empresarial.

Remunerações e benefícios justos não são os únicos aspectos que garantem qualidade em relação às questões sociais, sendo considerados importantes componentes; é necessário ter políticas mais amplas.

É importante observar que o fato de uma empresa ter preocupação em relação ao seu impacto social não assegura que ela tenha uma política de responsabilidade social. A responsabilidade social em relação à sustentabilidade não pode estar reduzida aos limites que a empresa atinge. Hoje, a conjuntura mundial exige que as organizações públicas e privadas tenham responsabilidade social, ou seja, também contribuam para a melhoria e para o desenvolvimento humano e do meio ambiente.

A responsabilidade social consiste no fato de as pessoas ou empresas, por meio de ações, buscarem garantir a inclusão social, a sustentabilidade e o respeito ao indivíduo.

Portanto, os conceitos de responsabilidade social e sustentabilidade são muito integrados. A responsabilidade, por sua vez, é ampla, pois busca garantir uma sociedade melhor.

A responsabilidade social pode ser desenvolvida por meio de projetos ou programas, mas não pode se limitar a ações isoladas e deve fazer parte da política institucional.

Em relação aos aspectos sociais, podem-se mencionar algumas situações específicas, como cita Lopes (2010, p. 358), de propostas oferecidas no mercado de trabalho:

- Estágio não remunerado.
- Contrato como *freelancer* ou obrigar a abrir empresas, para evitar encargos trabalhistas.

Lopes (2010, p. 358) cita ainda que há empresas que vendem notas fiscais e que esse procedimento é de ladrões e estelionatários.

É interessante, mas esse procedimento de não emissão de notas fiscais, de emissão parcial ou até venda, para parte da população pode não parecer algo negativo, porém causa impactos como:

- Sonegação fiscal, que retira dinheiro de hospitais, escolas, enfim, do Estado para a realização das políticas públicas.
- Lavagem de dinheiro, que pode ser oriundo de prostituição, drogas, produtos sem fiscalização, inclusive, sem aprovação de vigilância sanitária e órgãos da saúde.
- Destruição ou redução de lucro de parte das empresas nacionais, pois não conseguem ter preços competitivos para disputar mercado com empresas que sonegam.

Esses são, portanto, alguns procedimentos que demonstram a irresponsabilidade social de algumas empresas.

3.3.3 Aspectos econômicos

Há vários erros que podem ocorrer ao analisar os aspectos econômicos. Mas há dois erros de concepção da instituição que merecem ser mencionados e evitados:

1. A empresa ter direcionado a sua missão voltada para a sustentabilidade econômica e não ter a visão dos outros aspectos que envolvem o negócio, entre eles, as questões éticas de forma geral. Essa visão limitada dos gestores pode, inclusive, impactar na imagem institucional, na gestão estratégica e nos resultados econômicos em médio e longo prazos.
2. A instituição pode não se preocupar adequadamente com os aspectos econômicos e desperdiçar recursos, perder oportunidades de alavancagem financeira ou até encerrar as atividades. O fato de uma instituição ser filantrópica ou sem fins lucrativos, por exemplo, não significa que não deva ter lucro, mas que a finalidade central não é o lucro. Todas as instituições necessitam do lucro para a sua manutenção.

Um estudo adequado dos recursos, realizar projeções econômico-financeiras ou mercadológicas, conhecer aspectos básicos da empresa, da tributação, do comportamento do mercado, entre outras ações são fundamentais para os gestores. Observa-se que a diminuição de tamanho de uma instituição, assim como o encerramento de atividades, tem um impacto muito significativo, inclusive, em relação aos aspectos sociais, que é o próximo aspecto que será apresentado. Entre os aspectos sociais, é possível citar desde demissões e reduções salariais até o impacto econômico pelo fato de a empresa e os funcionários adquirirem menos produtos ou serviços.

Uma empresa ao abrir ou expandir suas atividades, deve refletir sobre as suas ações, pois uma futura redução de suas operações é muito representativa para os envolvidos, de forma direta ou indireta.

3.4 DIMENSÃO 2: RESPEITO À MULTICULTURA

Para desenvolver as políticas éticas, é relevante o envolvimento dos colaboradores e o respeito à multicultura e às diferenças. Uma empresa, ao desenvolver um Código de Ética, composto de direitos, deveres e outras políticas, dificilmente terá eficácia se não tiver participação dos funcionários e de outros agentes envolvidos. É necessária, portanto, a participação, ainda que por representação e mecanismos que envolvam a comunidade.

O respeito à multicultura e às políticas que consideram as diferenças individuais deve permear todas as práticas Éticas corporativas.

> A **multiculturalidade** consiste em um meio formado por diversas culturas. Esse ambiente pode ser uma região, uma cidade, um país ou ambientes institucionais.

As pessoas que formam a empresa devem ter um olhar e agir de forma sustentável, dos pontos de vista social, ambiental e econômico. Considerando a multicultura, certamente estarão respeitando aspectos como:

- A vida.
- A valorização do indivíduo.
- O ecossistema.
- As diferenças culturais, religiosas, étnico-raciais e outras.

Esse olhar deve ser abrangente, sistêmico, ou seja, considerar que a sociedade é globalizada e que está em constante evolução, logo deve ser construído por meio de políticas sempre revistas e disseminadas.

As empresas devem ter formas de rever essas políticas, e a comunicação deve ser efetiva e aliada às práticas.

Cultura consiste em um conjunto complexo e sistêmico, formado pelo conhecimento, pelas artes, pela Moral, pela lei, pelas crenças e pelas competências que os seres humanos adquirem desde o seu nascimento, em conjunto com os diversos ambientes aos quais pertencem. Esses ambientes são a família, a escola, os amigos, o trabalho e outros.

3.5 DIMENSÃO 3: APRENDIZADO CONTÍNUO

A educação e o aprendizado contínuo, inclusive intensa atualização, são necessários para acompanhar as novas realidades sociais e até os possíveis impactos sociais. A inclusão dessa dimensão se deve aos seguintes fatores:

- Como o mundo está em constante transformação e com drásticas mudanças, inclusive com novas tecnologias, é comum surgirem diferentes impactos sociais e ambientais, que necessitam de profissionais qualificados.
- A manutenção de uma gestão ética, com uma adequada governança corporativa, só é possível com profissionais qualificados e atualizados.
- A descoberta ou a adoção de novas tecnologias e novos processos pode ser fundamental para o desenvolvimento da sustentabilidade e da responsabilidade social.
- É necessário acompanhar as tendências e utilizar instrumentos de gestão e governança corporativa para elaboração e implantação.

Ao analisar esses fatores, observa-se que o conhecimento é fundamental para o desenvolvimento com Ética, possibilitando atender as cinco dimensões citadas neste capítulo.

Portanto, nesse ambiente de significativas mudanças e com o alto desenvolvimento tecnológico, são necessários:

- Atualização de informações, inclusive legais, pois as alterações são constantes.

- Pesquisa, propiciando inovação e redução de despesas e custos, a fim de aumentar a competitividade das empresas.
- Acompanhamento da sociedade para acompanhar as mudanças e tendências internacionais.

Apenas com o aprendizado contínuo é possível inovar de fato, característica essencial para as novas sociedades.

3.6 DIMENSÃO 4: INOVAÇÃO

A inovação possibilita, ainda, o desenvolvimento de políticas capazes de considerar as necessidades e realidades institucionais, respeitando as diferenças individuais e as limitações do grupo.

Drucker (1999, p. 60) afirma que cada organização terá de aprender a inovar de maneira organizada, sendo um processo sistemático.

Se as empresas necessitam inovar sempre na sociedade moderna, devem também utilizar a inovação para o desenvolvimento, implantação e acompanhamento de políticas e processos éticos corporativos.

> Inovar consiste em criar ou modificar costumes anteriores, assim como alterar legislações, procedimentos, produtos ou processos de forma que resulte em algo novo.

Schumpeter (1982) relacionou desenvolvimento econômico com as inovações tecnológicas. Denominado pelo autor como "destruição criadora", considera a inovação como novas combinações entre materiais e forças produtivas de modo a viabilizar novos produtos e desenvolvimento econômico.

Conforme a Organização para Cooperação Econômica e Desenvolvimento (OCDE) (2005, p. 55):

> **Inovação** é a implementação de um produto (bem ou serviço) novo ou significativamente melhorado, ou um processo, ou um novo método de marketing, ou um novo método organizacional nas práticas de negócios, na organização do local de trabalho ou nas relações externas.

A OCDE listou os quatro tipos de inovação (2005, p. 57):

1. **Inovação de produto**: quando se introduz bem ou serviço novo ou melhorado significativamente, em relação às suas características ou usos.
2. **Inovação de processo**: consiste na implementação de método novo de produção ou de distribuição ou melhorado significativamente. Podem ser mudanças técnicas, de equipamentos e/ou *softwares*.
3. **Inovação de marketing**: a implementação de novo método de marketing, com significativas mudanças de concepção do produto da sua embalagem, possibilitando novo posicionamento na sua promoção ou na fixação de preços.
4. **Inovação organizacional**: ao desenvolver e implantar novo método organizacional para as práticas da empresa, impactando na organização do seu local de trabalho ou em suas relações externas.

Os responsáveis por políticas éticas necessitam:

- Entender o conceito e a necessidade de inovação.
- Conhecer as inovações da empresa.

- Identificar as inovações ou possíveis inovações do mercado e da sociedade que podem exigir inovação nas políticas éticas empresariais.
- Observe que a elaboração do código de conduta da empresa, a sua revisão, as formas de acompanhamento e controle e a percepção da necessidade de políticas preventivas, muitas vezes, devem exigir soluções inovadoras.

3.7 DIMENSÃO 5: GOVERNANÇA CORPORATIVA

Para a implantação das políticas éticas é necessário o desenvolvimento de políticas de Governança Corporativa; portanto, a empresa deve criar, aplicar e desenvolver o seu modelo de gestão. É fundamental ter clara essa necessidade, considerando-se o porte e as características de cada instituição. O desenvolvimento consiste na atualização constante, considerando os rumos e as tendências internas e externas.

Conforme o Instituto Brasileiro de Governança Corporativa (IBGC, 2015, p. 20):

> **Governança Corporativa** é o sistema pelo qual as empresas e demais organizações são dirigidas, monitoradas e incentivadas, envolvendo os relacionamentos entre sócios, conselho de administração, diretoria, órgãos de fiscalização e controle e demais partes interessadas.

Ainda, segundo o IBGC (2015), os princípios básicos de Governança Corporativa são:

- Transparência.
- Equidade.
- Prestação de contas (*accountability*).
- Responsabilidade corporativa.

Conforme visto na definição de Governança Corporativa, o IBGC tem uma preocupação de envolver os relacionamentos dos sócios com os órgãos de acompanhamento e controle da instituição. Isso se deve ao fato de que o objetivo da Governança Corporativa é desenvolver instrumentos que possibilitem maior transparência e evitem fraudes.

O IBGC (2015, p. 20) destaca ainda:

> As boas práticas de governança corporativa convertem princípios básicos em recomendações objetivas, alinhando interesses com a finalidade de preservar e otimizar o valor econômico de longo prazo da organização, facilitando seu acesso a recursos e contribuindo para a qualidade da gestão da organização, sua longevidade e o bem comum.

Portanto, observa-se novamente uma integração entre o conceito de Governança Corporativa e as dimensões anteriores, de forma a complementá-las.

3.8 EXERCÍCIOS

1) São dimensões da Ética, **exceto**:
    a) Sustentabilidade e multicultura.
    b) Aprendizado contínuo.
    c) Inovação.
    d) Governança Corporativa.
    e) Postura individual.

2) Leia as afirmações a seguir e assinale a alternativa correta.
   I. A palavra "sustentável", oriunda de *sustentare*, do latim, significa sustentar, conservar, manter, dar suporte, possibilitar, defender ou cuidar.
   II. Sustentabilidade consiste em contar com estratégias e ações que garantam atitudes ambientais, sociais e econômicas justas e legais.
   III. A sustentabilidade busca garantir a existência e manutenção dos recursos.
   a) As três afirmações estão corretas.
   b) Apenas a afirmação I está correta.
   c) Apenas a afirmação III está correta.
   d) Apenas as afirmações I e II estão corretas.
   e) Nenhuma das afirmações está correta.

3) O Tripé da Sustentabilidade consiste em quais aspectos?
   a) sociais, morais e legais.
   b) ambientais, humanos e morais.
   c) sociais, ambientais e econômicos.
   d) tradicionais, inovadores e temporais.
   e) morais, legais e econômicos.

4) A ecoeficiência consiste em reunir aspectos:
   a) sociais e econômicos.
   b) econômicos e ambientais.
   c) ambientais e multiculturais.
   d) ambientais e de resultado.
   e) multiculturais e humanos.

5) Leia as afirmações a seguir e assinale a alternativa correta.
   I. Cultura consiste em um conjunto complexo e sistêmico, formado pelo conhecimento, pelas artes, pela Moral, pela lei, pelas crenças e pelas competências que os seres humanos adquirem desde o seu nascimento, em conjunto com os diversos ambientes aos quais pertencem.
   II. A cultura é formada apenas pelo ambiente escolar.
   III. Os ambientes culturais são: a família, a escola, os amigos, o trabalho e outros.
   a) As três afirmações estão corretas.
   b) Apenas a afirmação I está correta.
   c) Apenas a afirmação III está correta.
   d) Apenas as afirmações I e III estão corretas.
   e) Nenhuma das afirmações está correta.

6) Leia as afirmações a seguir e assinale a alternativa correta.
   I. Multicultura consiste em uma pessoa ter muita cultura.
   II. Multicultura consiste em um ambiente formado por diversas culturas.
   III. Multicultura são diversos ambientes, cada um com a sua acultura.
   a) As três afirmações estão corretas.
   b) Apenas a afirmação II está correta.
   c) Apenas a afirmação III está correta.

d) Apenas as afirmações I e III estão corretas.
e) Nenhuma das afirmações está correta.

7) Leia as afirmações a seguir e assinale a alternativa correta.
   I. O respeito à multicultura consiste em reconhecer as diferentes culturas. Não discriminar é possibilitar crescimento e desenvolvimento considerando as diferenças.
   II. O aprendizado contínuo contribui com a inovação.
   III. Inovar consiste em adaptar costumes anteriores, dando uma nova roupagem, mas com antigos conceitos.

   a) Apenas a afirmação II está correta.
   b) Apenas a afirmação III está correta.
   c) Apenas as afirmações II e III estão corretas.
   d) Nenhuma das afirmações está correta.
   e) As três afirmações estão corretas.

8) Qual a definição de Governança Corporativa?
   a) Empresa quando é dirigida por sócios e possui um grande conselho administrativo.
   b) Sistema pelo qual as empresas e demais organizações são dirigidas, monitoradas e incentivadas, envolvendo os relacionamentos entre sócios, conselho de administração e diretoria.
   c) Sistema pelo qual as empresas e demais organizações são dirigidas, monitoradas e incentivadas pelo estado.
   d) Sistema pelo qual as empresas e demais organizações são dirigidas, monitoradas e incentivadas, envolvendo os relacionamentos entre sócios, conselho de administração, diretoria, órgãos de fiscalização e controle e demais partes interessadas.
   e) Sistema pelo qual as empresas e demais organizações são dirigidas, monitoradas e incentivadas com políticas de resultado.

9) Fórum: inovação

   Pesquise na internet uma empresa que inovou e impactou a vida das pessoas. Cite a fonte.

10) Debate: Google

    A Google é considerada por muitos uma empresa inovadora. Identifique na instituição características de inovação:

    a) de produtos;
    b) de processo;
    c) de marketing;
    d) organizacional.

CAPÍTULO 4

CONSTRUÇÃO E IMPLANTAÇÃO DE CÓDIGO DE CONDUTA INSTITUCIONAL

OBJETIVOS
O objetivo deste capítulo consiste em demonstrar a importância e a forma de se construir um Código de Conduta Institucional.

COMPETÊNCIAS ADQUIRIDAS
- Compreender a relevância e saber conduzir políticas e ações para o desenvolvimento de Códigos de Conduta em Instituições Públicas ou Privadas.

As instituições, públicas, privadas ou do terceiro setor, necessitam de estruturas que possibilitem garantir as políticas éticas para:

- Assegurar sustentabilidade.
- Garantir boa relação interpessoal.
- Contribuir para a melhoria contínua da sociedade.
- Preservar a transparência, imagem, confiabilidade e equidade corporativa.
- Confirmar se está sendo desenvolvida a missão da empresa, em conformidade com a Ética Empresarial.

A equidade corporativa consiste no tratamento justo e uniforme de todos os *stakeholders*. *Stakeholder* consiste no público estratégico; são as pessoas ou grupos que têm interesse em uma instituição. Portanto, os *stakeholders* são os sócios majoritários, sócios minoritários, funcionários, clientes, fornecedores, credores, comunidade, sindicatos, governo e outros possíveis interessados.

Considerando-se os fatores citados, adicionados ao fato de que a atual sociedade global está em constante e profundas mudanças, além de desenvolver e utilizar alta tecnologia, é fundamental a construção de um Código de Conduta.

4.1 O PROCESSO DE DESENVOLVIMENTO E IMPLANTAÇÃO DO CÓDIGO DE CONDUTA

O Código de Conduta deve representar o tipo da empresa e conter a missão empresarial, os valores e representar a cultura organizacional.

A elaboração do Código de Conduta de uma instituição pública ou privada deve ser feita com a participação, se possível, de todas as áreas da empresa.

Uma observação importante é que todo o processo tem que ser ético. Embora a missão institucional seja definida pelo corpo de gestores, o seu processo tem que ser transparente, com participação, pois se os membros da instituição não acreditarem, todo o esforço será perdido.

4.2 PROPOSTA PARA DESENVOLVER O CÓDIGO DE CONDUTA DE UMA INSTITUIÇÃO

Há muitas maneiras de uma instituição desenvolver o Código de Conduta. Primeiramente, é necessário ter muito clara a sua missão e os seus valores, e, depois, realizar a construção coletiva e participativa.

Destaca-se que é muito diferente a forma de construção desse Código, que depende do porte da instituição e do perfil, pois pode ser uma instituição pública, uma empresa privada ou uma empresa do terceiro setor.

QUADRO 4.1 Proposta de etapas para a construção do Código de Conduta

Etapa 1
Identificar os recursos internos (humanos, materiais e tecnológicos) e os recursos externos, como mercado, clientes, fornecedores, concorrentes e outros. Essa avaliação deve ser realizada com as diversas áreas envolvidas.

Etapa 2
Analisar a missão atual e os seus valores, e refletir se são condizentes com os recursos identificados. No caso de não serem ou de não existir uma missão formal atual, é o momento de construí-la. Essa missão e esses valores, da mesma forma que são utilizados para a construção de planejamento estratégico, devem ser utilizados para a construção do Código de Conduta. Na etapa 2, muitas vezes, recomenda-se elaborar de maneira conjunta com a etapa 1.

Etapa 3
Elaborar os tópicos considerados relevantes para serem abordados no Código de Conduta. Esses tópicos devem ser validados pelos envolvidos, buscando-se atender aspectos internos e externos, todas as áreas da instituição e os diferentes níveis hierárquicos.

Etapa 4
Elabora-se, com a participação das áreas, o Código de Conduta com o conteúdo de cada tópico.

Etapa 5
Validação do Código de Conduta. A validação pode ser feita pela alta gestão, além de passar pela área jurídica da empresa e/ou consultar profissionais capacitados da área de implantação de políticas éticas.

Etapa 6
Disseminação para os *stakeholders*.

Etapa 7
Revisão periódica e quando for perceptível que o Código não atende mais às necessidades do ambiente organizacional.

4.3 EXERCÍCIOS

1) As políticas de uma instituição devem garantir os aspectos a seguir, **exceto**:
   a) Sustentabilidade organizacional.
   b) Comportamento igual de todos os colaboradores.
   c) Boa relação interpessoal.
   d) Contribuição com a melhoria da sociedade.
   e) Transparência.

2) Em relação ao Código de Conduta de uma empresa, é possível afirmar que deve:
   a) Buscar a Ética sem relacionar com a missão empresarial.
   b) Se preocupar com a Ética individual, sem refletir a Ética Empresarial.
   c) Se preocupar com a Ética individual e a Moral coletiva.
   d) Confirmar que está sendo desenvolvida a missão da empresa, independentemente dos aspectos éticos.
   e) Confirmar que está sendo desenvolvida a missão da empresa, em conformidade com a Ética Empresarial.

3) Sobre o Código de Conduta de uma instituição, é possível afirmar que:
   a) Não deve estar alinhado à missão institucional.
   b) Deve contribuir com a transparência apenas interna.
   c) Deve garantir a transparência apenas para os sócios minoritários.
   d) Deve contribuir para melhorar o ambiente de trabalho e as relações externas.
   e) Não deve se preocupar com a transparência.

4) Leia as afirmações a seguir e assinale a alternativa correta.
   I. O Código de Conduta pode contribuir com a imagem institucional.
   II. O Código de Conduta deve se preocupar com a confiabilidade institucional.
   III. O Código de Conduta não deve estar relacionado às características da instituição.

   a) Apenas a afirmação I está correta.
   b) Apenas a afirmação II está correta.
   c) Apenas as afirmações I e II estão corretas.
   d) Apenas as afirmações II e III estão corretas.
   e) As três afirmações estão corretas.

5) Garantir equidade corporativa significa proporcionar:
   a) Tratamento igual para todos.
   b) Postura diferenciada da empresa, conforme o interesse.
   c) Tratamento justo e uniforme.
   d) Responsabilidade para as pessoas por seus atos.
   e) Salário igual para todos.

6) Os recursos internos de uma empresa podem ser classificados em:
   a) Humanos, materiais e tecnológicos.
   b) Materiais, tecnológicos e mercadológicos.
   c) Sociais, ambientais e econômicos.

d) Comportamentais, humanos e sociais.
e) Clientes, fornecedores e mercadológicos.

7) São exemplos de recursos externos:
   a) Funcionários, mercado, fornecedores e maquinário.
   b) Mercado, clientes, fornecedores e concorrentes.
   c) Materiais, tecnológicos, mercadológicos e gestores.
   d) Mercado, administradores, fornecedores e sócios.
   e) Tecnologia da empresa, patentes da empresa e funcionários.

8) Assinale a alternativa que melhor representa as possíveis etapas para a construção de um Código de Conduta.
   a) 1- Identificar os recursos externos e internos; 2- Elaborar os conteúdos de cada tópico; 3- Validar o código; 4- Disseminar para os *stakeholders*; 5- Revisar.
   b) 1- Elaborar os conteúdos de cada tópico; 2- Identificar os recursos externos e internos; 3- Validar o código; 4- Disseminar para os *stakeholders*; 5- Analisar a missão e os valores corporativos; 6- Elaborar os tópicos que serão abordados; 7- Revisar.
   c) 1- Identificar os recursos internos; 2- Analisar a missão e os valores corporativos; 3- Elaborar os tópicos que serão abordados; 4- Elaborar os conteúdos de cada tópico; 5- Validar o código; 6- Disseminar para os *stakeholders*; 7- Revisar; 8- Identificar os recursos externos.
   d) 1- Identificar os recursos externos e internos; 2- Analisar a missão e os valores corporativos; 3- Elaborar os tópicos que serão abordados; 4- Elaborar os conteúdos de cada tópico; 5- Validar o código; 6- Disseminar para os *stakeholders*; 7- Revisar.
   e) 1- Identificar os recursos externos e internos; 2- Elaborar os tópicos que serão abordados; 3- Elaborar os conteúdos de cada tópico; 4- Validar o código; 5- Disseminar para os *stakeholders*; 6- Analisar a missão e os valores corporativos.

9) Estudo de Caso[1] – 5G. Melhor, mais rápido, menos sustentável, menos seguro?

   Neste momento, a velocidade média nacional de download é de 20 Mbps por segundo, mas o 5G pode dar aos usuários 1 gigabit por segundo.

   Para a maioria das pessoas, essa tecnologia simplesmente elimina o irritante atraso entre os episódios da Netflix em redes Wi-Fi ou torna nossos telefones mais rápidos.

   Mas o 5G tem a capacidade de mudar o mundo e melhorar sua experiência jogando Fortnite. *Redes mais rápidas também nos permitem fazer coisas que nunca pudemos fazer antes, desde a criação de comunicação robótica com velocidade de pensamento e dispositivos de realidade aumentada até a construção de carros com direção mais eficiente (apenas certifique-se de não dirigir inesperadamente para uma área não coberta por 5G).*

   Mas o que as pessoas não percebem é que a construção das redes 5G será um grande empreendimento de infraestrutura, repleto de obstáculos regulatórios e práticos. Por exemplo, como as operadoras vão construir uma rede completa ao lado da rede 4G já existente que acabaram de construir? Onde eles vão colocar essas novas antenas? Quanto vai custar e quem pagará?

---

[1] Fonte: TTT – Tech Top 10. 5G. *Better, faster, less sustainable, less secure?* 2018. Disponível em: https://reillytop10.com/previous-lists/2019-list/5g/. Acesso em: 23 abr. 2023.

O 5G parece ótimo até você perceber que seus dispositivos atuais não têm a capacidade de utilizá-lo e, provavelmente, você precisará atualizar tudo, desde o telefone até a campainha inteligente. Onde é que toda essa tecnologia perfeitamente boa acaba depois que você se desfaz dela?

E as áreas rurais, que ainda poderiam se beneficiar da expansão e atualização das redes 4G? Algumas áreas ainda não têm velocidade de download de 10 Mbps LTE, então até que ponto elas serão deixadas na poeira pelas atualizações que, sem dúvida, começarão nas áreas urbanas? Nós já temos uma divisão digital – quanto maior queremos fazer?

O 5G também criará uma demanda crescente por energia. Raramente pensamos em quanta energia usamos quando assistimos televisão via Wi-Fi, mas é muito. 30% da eletricidade dos EUA e 40% da eletricidade global ainda vem do carvão, e as fontes de energia renováveis não conseguem acompanhar as demandas atuais. As tecnologias 5G podem nos ajudar a criar mais tecnologia verde, mas não antes de aumentarmos fortemente nossa dependência do carvão. Embora esse tópico frequentemente seja politizado a ponto de não ser útil, é simplesmente importante notar que nossa energia tem que vir de algum lugar.

E, embora a 5G, sem dúvida, torne nossa vida mais conveniente, também precisamos nos preparar para os desafios de segurança que ela representará. A explosão de novas tecnologias precisará de uma combinação de medidas anti-hacking. Por exemplo, se pudermos construir um enorme banco de dados em tempo real de informações de saúde que pode salvar a vida das pessoas independentemente de onde estejam no mundo, precisamos garantir que as informações estejam seguras primeiro (e enquanto os avanços na tecnologia blockchain podem ser úteis, eles trazem a questão da energia mais uma vez).

Antes de construirmos todos os novos brinquedos e nos envolvermos na última temporada do Black Mirror, faríamos bem em pré-lançar as medidas de segurança.

Faça o que se pede.

a) Identifique, no texto, quais problemas éticos poderão ser causados por essa nova tecnologia.
b) Quem são os responsáveis por essas questões éticas?
c) É justo tributar as empresas e os usuários a fim de obter recursos para minimizar o impacto ambiental?
d) Cite outra tecnologia que, ao ser implantada na sociedade, gerou problemas éticos.

CAPÍTULO 5

COMPONENTES E ABRANGÊNCIA DO CÓDIGO DE CONDUTA EMPRESARIAL

OBJETIVOS
O objetivo deste capítulo é demonstrar quais componentes devem compor um Código de Conduta Institucional, proporcionando uma visão ampla e contextualizada.

COMPETÊNCIAS ADQUIRIDAS
- Saber elaborar o Código de Conduta de uma empresa pública ou privada, considerando a missão e a realidade institucional.

O Código de Conduta é também chamado por algumas empresas de Código de Ética ou Código de Normas de Conduta, e não possui uma estrutura obrigatória; porém, há muitas instituições que elaboram o documento faltando elementos essenciais.

A estrutura do Código deve atender à totalidade em relação às áreas internas e aos aspectos externos, além de contemplar diferentes níveis hierárquicos e diferentes assuntos.

5.1 ASPECTOS NECESSÁRIOS AO CÓDIGO DE CONDUTA

O Código de Conduta deve contemplar e considerar os seguintes aspectos:

- a missão, os valores e os objetivos da empresa;
- a realidade e o contexto institucional;
- aspectos legais;
- a comunidade interna;
- a comunidade externa;
- a multicultura, como questões étnicas e religiosas;
- considerar que todos são iguais, considerando-se as desigualdades.

5.2 ABRANGÊNCIA DO CÓDIGO DE CONDUTA

O IBGC se preocupa com as relações internas e externas institucionais, demonstrando que a conduta ética deve ser uma prática cotidiana. Esse fato é apresentado no Código das Melhores Práticas de Governança (IBGC, 2009), pois afirma ser necessário o Código de Conduta abordar:

5.2.1 Pessoas abrangidas

- Conselheiros
- Diretores
- Sócios
- Funcionários
- Parceiros comerciais ou estratégicos
- Clientes
- Fornecedores
- Governo
- Outros *stakeholders*

Stakeholders são pessoas físicas ou jurídicas que tenham interesse pela empresa. Podem ser: representantes da comunidade, concorrentes, acionistas e investidores, o governo, a família dos funcionários ou outros.

5.2.2 Assuntos abordados pelo Código de Conduta

- Cumprimento das leis e pagamento de tributos
- Operações com partes relacionadas
- Uso de ativos da organização
- Conflito de interesses
- Informações privilegiadas
- Política de negociação das ações da empresa
- Processos judiciais e arbitragem
- *Whistleblower* ou delator
- Prevenção e tratamento de fraudes
- Pagamentos ou recebimentos questionáveis ou Recebimento de presentes e favorecimentos
- Doações
- Atividades políticas
- Direito à privacidade
- Nepotismo
- Meio ambiente
- Discriminação no ambiente de trabalho, exploração do trabalho adulto ou infantil e assédio moral ou sexual
- Segurança no trabalho
- Relações com a comunidade
- Uso de álcool e drogas

Whistleblower significa denunciante. Juridicamente, refere-se à pessoa que denuncia espontaneamente um ato ilícito civil ou criminal, também chamado de delator. O delator relata uma informação ou atividade considerada ilegal ou antiética de uma organização, como denúncias de corrupção, fraude, má utilização de recursos públicos e outros.

Sobre os assuntos abordados, observa-se que essa visão de abrangência pode mudar conforme o perfil da instituição, mas é importante deixar claro que o Código de Conduta deve ser abrangente.

Com essa visão de que a abrangência pode mudar conforme o perfil institucional, O Código das Melhores Práticas de Governança (IBGC), na sua versão de 2015, afirma:

> A abrangência do código de conduta deve ser definida conjuntamente pelo conselho de administração e pela diretoria, em função das características e do estágio de governança da organização. Cada organização deve contar com seu próprio código de conduta, que deve refletir sua identidade e cultura. O código de conduta aplica-se a administradores, sócios, colaboradores, fornecedores e demais partes interessadas e abrange, ainda, o relacionamento entre elas. Ele deve expressar o compromisso da organização, de seus conselheiros, diretores, sócios, funcionários, fornecedores e partes interessadas com a adoção de padrões adequados de conduta.

Portanto, a estrutura do Código de Conduta apresentada é uma proposta, mas depende das características de cada empresa.

5.3 EXERCÍCIOS

1) Leia as afirmações a seguir e assinale a alternativa correta.
    I. Apesar de não possuírem estruturas obrigatórias, os Códigos de Conduta das empresas devem atender a alguns elementos essenciais.
    II. Os Códigos de Conduta das instituições devem ser iguais, pois há padrões específicos definidos.
    III. A estrutura dos Códigos deve atender à totalidade em relação às áreas internas e aos aspectos externos, mas não precisam contemplar diferentes níveis hierárquicos e diferentes assuntos.
    a) Apenas a afirmação I está correta.
    b) Apenas a afirmação II está correta.
    c) Apenas a afirmação III está correta.
    d) Apenas as afirmações I e III estão corretas.
    e) As três afirmações estão incorretas.

2) Leia as afirmações a seguir e assinale a alternativa correta.
    I. Os Códigos de Conduta devem contemplar a realidade e o contexto institucional.
    II. É fundamental verificar aspectos legais para a aprovação final do Código de Conduta de uma instituição.
    III. Os códigos e as políticas institucionais devem ter aderência à missão e aos valores da entidade.
    a) Apenas a afirmação I está correta.
    b) Apenas as afirmações I e II estão corretas.
    c) Apenas as afirmações I e III estão corretas.
    d) Apenas as afirmações II e III estão corretas.
    e) As três afirmações estão corretas.

3) Leia as afirmações a seguir e assinale a alternativa correta.
   I. Os Códigos de Conduta devem contemplar apenas a comunidade interna.
   II. A multicultura deve estar contemplada de maneira formal nas políticas institucionais.
   III. Os Códigos de Conduta de empresas do mesmo segmento devem ser iguais.

   a) Apenas a afirmação I está correta.
   b) Apenas a afirmação II está correta.
   c) Apenas a afirmação III está correta.
   d) Apenas as afirmações II e III estão corretas.
   e) Apenas as afirmações I e II estão corretas.

4) Ao refletir que todos são iguais, considerando-se as desigualdades, pode-se afirmar que:
   a) Todos devem ter tratamento igual.
   b) Algumas pessoas devem ter privilégios.
   c) Os níveis hierárquicos mais altos devem ter benefícios.
   d) As políticas de quotas para pessoas com deficiência devem ser respeitadas e podem ser ampliadas.
   e) Todos são iguais, logo, não existem desigualdades.

5) Leia as afirmações a seguir e assinale a alternativa correta.
   I. Os Códigos de Conduta devem contemplar conselheiros, diretores, sócios, clientes, funcionários e fornecedores.
   II. Os Códigos de Conduta devem conter relações com o governo.
   III. Os Códigos de Conduta auxiliam na proteção dos sócios minoritários.

   a) Apenas a afirmação I está correta.
   b) Apenas a afirmação II está correta.
   c) Apenas a afirmação III está correta.
   d) Apenas as afirmações I e III estão corretas.
   e) As três afirmações estão corretas.

6) Leia as afirmações a seguir e assinale a alternativa correta.
   I. *Stakeholder* consiste no público estratégico da instituição, portanto são as pessoas ou grupos que têm interesse em uma instituição.
   II. Os *stakeholders* são os sócios majoritários, sócios minoritários, funcionários, clientes, fornecedores, credores, comunidade, sindicatos, governo e outros possíveis interessados.
   III. *Stakeholders* consistem apenas o público interno das empresas.

   a) Apenas a afirmação I está correta.
   b) Apenas a afirmação II está correta.
   c) Apenas a afirmação III está correta.
   d) Apenas as afirmações I e II estão corretas.
   e) Apenas as afirmações I e III estão corretas.

7) Qual dos exemplos trata-se de um *Whistleblower*?
   a) *Stakeholder*, podendo ser um fornecedor, um cliente, um funcionário ou outros.
   b) Agente público, responsável pela fiscalização tributária.
   c) Delator, ou seja, a pessoa que denuncia de maneira espontânea uma fraude empresarial.

d) Representante do Ministério Público.
e) Sócios ou representantes jurídicos das empresas.

8) Em relação à elaboração do Código de Conduta de uma empresa, é possível afirmar que:
   a) É uma atividade da alta gestão da empresa.
   b) Não é necessária, pois pode ser copiado de outra instituição, minimizando trabalho e custo.
   c) Necessita ser realizada de forma participativa e ética, envolvendo todas as áreas e níveis hierárquicos.
   d) Pode ser elaborada apenas para algumas áreas.
   e) Deve ter deveres e obrigação apenas para os gestores e os cargos altos.

9) Atividade: Códigos de Conduta
   a) Pesquise na internet três códigos de conduta. Lembre-se de que o Código de Conduta pode ter outros nomes, como Código de Ética ou código de normas de conduta.
   b) Preencha a tabela a seguir:

	Empresa 1	Empresa 2	Empresa 3
Pessoas abrangidas			
Assuntos abordados			
Link do site em que obteve a informação			

10) Estudo de Caso – Ética para área comercial

A situação a seguir foi extraída do caso real de uma empresa, que não será citada para preservar os envolvidos.

Uma empresa de porte grande, da área de indústria e comércio, tinha problemas de fraudes na alta gestão, incluindo sócios e administradores. O mesmo problema ocorria no setor de produção, na área de compras, de vendas e em algumas das atividades intermediárias. Apesar de todos esses problemas, a empresa era lucrativa e estava em crescimento.

As fraudes eram comentadas entre os colaboradores, mas, devido ao lucro, a instituição optava por não apurar.

Na área de vendas, por sua vez, começou a afetar de maneira significativa os resultados, pois os vendedores atuavam de forma não autorizada em clientes dos colegas, ofertando concessões que estavam fora dos planos da empresa e atacavam de maneira inadequada a concorrência.

A empresa começou a perder bons vendedores que discordavam dessas políticas e até clientes, afetando diretamente a imagem institucional e diminuindo as vendas.

Preocupados com essa situação, os conselheiros elaboraram um Código de Conduta para a área comercial. Chamaram os diretores comerciais das regionais e os obrigaram a assinar.

O Código de Conduta contemplou ainda um plano que continha:
- Plano de marketing com mudança das cores da empresa, do logo e divulgação de forma massiva para todos os *stakeholders*.
- Sensibilização dos vendedores para a relevância do Código, com reuniões em todas as áreas.
- Formas de acompanhamento e controle, para verificar a melhora de comportamento dos vendedores.
- Punições para os vendedores comerciais e para as áreas que tivessem problemas comportamentais.
- Bônus para os diretores comerciais que conseguissem melhorar o comportamento das suas equipes.

Perguntas:
a) Você considera que a forma de elaboração do Código foi adequada? Em caso contrário, justifique.
b) Pelas informações fornecidas, quais as falhas do Código? O que você mudaria se fosse gestor da empresa?
c) Qual a motivação dos vendedores para mudarem o comportamento?

PARTE II

INFORMAÇÕES E DEMONSTRATIVOS DE NATUREZA SOCIAL, AMBIENTAL E ECONÔMICO-FINANCEIRA

OBJETIVOS

- Conscientizar-se sobre a relevância da sustentabilidade e sobre a importância do papel social das instituições públicas e privadas.
- Conhecer os demonstrativos de natureza social para saber desenvolver e implantar.
- Saber construir indicadores social, ambientais e econômicos.
- Conhecer os selos e as certificações sustentáveis.

CAPÍTULO 6

ORIGEM DOS DEMONSTRATIVOS DE NATUREZA SOCIAL, AMBIENTAL E ECONÔMICO-FINANCEIRA

"É fundamental que uma ação seja tomada agora. Não podemos esperar até 2050 ou 2100 para fazer mudanças no desempenho ambiental."
Pavan Sukhdev [1]

OBJETIVOS
Este capítulo tem por objetivo demonstrar a importância dos aspectos sociais, ambientais e econômicos.

COMPETÊNCIAS ADQUIRIDAS
- Compreender a necessidade das instituições se preocuparem com aspectos de natureza social, ambiental e econômica.
- Saber que há demonstrativos empresariais e que consistem em mercado de trabalho, além de ser relevante para a sociedade.

Antigamente, muitos gestores públicos e privados acreditavam que era necessário aumentar os recursos para ter riquezas que possibilitassem uma sociedade melhor, diminuindo a miséria e a pobreza. Havia a crença de que as empresas necessitavam apenas de desenvolvimento, aumento de vendas, aumento de faturamento e possibilitar empregabilidade, porém essa forma de analisar os empreendimentos está superada.

Nas últimas quatro décadas, esse paradigma se alterou, porque a sociedade percebeu que a sustentabilidade financeira e o desenvolvimento econômico são necessários, mas tem que ser de forma conjunta e combinada com os aspectos sociais e ambientais.

Atualmente, há uma preocupação das instituições com os aspectos éticos e com a transparência em relação à sustentabilidade. Devido à preocupação, foram desenvolvidos relatórios com informações financeiras e não financeiras, a fim de possibilitar uma visão integrada, propiciando análise mais consistente e global. Essa visão possibilita agregar os três aspectos da sustentabilidade: ambientais, sociais e econômicos.

---

[1] SUKHDEV, Pavan. *Corporação 2020*. São Paulo: Abril, 2013. p. 11.

Portanto, a responsabilidade social e, ambiental e econômica, assim como os seus demonstrativos, são muito relevantes para a sociedade atual e devem ser aprimorados e mais utilizados pelas empresas. Conforme destaca Vallaeys (2014, p. 133):

> O Movimento de Responsabilidade Social das Empresas (SER) se desenvolveu fortemente durante as últimas décadas. As normas de qualidade integram agora os aspectos sociais e ambientais dos processos de produção e gestão: Não tem mais **qualidade** sem **responsabilidade**.

Observe no Quadro 6.1 que Navarro García (2013) destaca a necessidade de pensar qualidade com responsabilidade nos processos produtivos.

QUADRO 6.1 Cinco condicionantes da Responsabilidade Social Corporativa (RSC)

1. A globalização não caminha para trás.
2. São igualmente impossíveis de se parar a expansão internacional das organizações (internacionalização ou mundialização) e a consolidação internacional de gostos e tendências uniformes.
3. A empresa não é só um elemento indispensável para o desenvolvimento da sociedade, mas é parte dela.
4. Dado que a RSC se move no âmbito da Ética, tem um caráter essencialmente voluntário.
5. A RSC deve ser conhecida, desejada e aceita por toda a sociedade e pela comunidade internacional.

6.1 CARTA DA TERRA

Em 1992, na cidade do Rio de Janeiro (Brasil), foi realizada a Conferência das Nações Unidas sobre o Meio Ambiente e o Desenvolvimento, também conhecida como ECO-92. Seu objetivo foi debater os problemas ambientais mundiais. Esse evento foi um marco, pois nele foi iniciado um projeto, que teve iniciativa da Organização das Nações Unidas (ONU): a elaboração da Carta da Terra. Tal documento consiste em uma declaração de princípios éticos, que busca construir, no século XXI, uma sociedade global mais justa, sustentável e pacífica, e influenciou muito no desenvolvimento inicial de políticas éticas sustentáveis corporativas.

Prefácio da Carta da Terra

"Estamos diante de um momento crítico na história da Terra, numa época em que a humanidade deve escolher o seu futuro. À medida que o mundo se torna cada vez mais interdependente e frágil, o futuro enfrenta, ao mesmo tempo, grandes perigos e grandes promessas. Para seguir adiante, devemos reconhecer que, no meio da magnífica diversidade de culturas e formas de vida, somos uma família humana e uma comunidade terrestre com um destino comum. Devemos somar forças para gerar uma sociedade sustentável global, baseada no respeito pela natureza, nos direitos humanos universais, na justiça econômica e em uma cultura da paz. Para chegar a este propósito, é imperativo que nós, os povos da Terra, declaremos nossa responsabilidade uns para com os outros, com a grande comunidade da vida, e com as futuras gerações."

Fonte: Carta da Terra, 1992.

Desafios Para o Futuro

"A escolha é nossa: formar uma aliança global para cuidar da Terra e uns dos outros, ou arriscar a nossa destruição e a da diversidade da vida. São necessárias mudanças fundamentais dos nossos valores, instituições e modos de vida. Devemos entender que, quando as necessidades básicas forem atingidas, o desenvolvimento humano será primariamente voltado a ser mais, não a ter mais. Temos o conhecimento e a tecnologia necessários para abastecer a todos e reduzir nossos impactos ao meio ambiente. O surgimento de uma sociedade civil global está criando oportunidades para construir um mundo democrático e humano. Nossos desafios ambientais, econômicos, políticos, sociais e espirituais estão interligados, e juntos podemos forjar soluções includentes."

Fonte: Carta da Terra, 1992.

Princípios da Carta da Terra
I – Respeitar e cuidar da comunidade da vida

1. Respeitar a terra e a vida em toda sua diversidade.
2. Cuidar da comunidade da vida com compreensão, compaixão e amor.
3. Construir sociedades democráticas que sejam justas, participativas, sustentáveis e pacíficas.
4. Garantir as dádivas e a beleza da Terra para as atuais e as futuras gerações.

Fonte: Carta da Terra, 1992.

Princípios da Carta da Terra
II – Integridade ecológica

5. Proteger e restaurar a integridade dos sistemas ecológicos da Terra, com especial preocupação pela diversidade biológica e pelos processos naturais que sustentam a vida.
6. Prevenir o dano ao ambiente como o melhor método de proteção ambiental e, quando o conhecimento for limitado, assumir uma postura de precaução.
7. Adotar padrões de produção, consumo e reprodução que protejam as capacidades regenerativas da Terra, os direitos humanos e o bem-estar comunitário.
8. Avançar o estudo da sustentabilidade ecológica e promover a troca aberta e a ampla aplicação do conhecimento adquirido.

Fonte: Carta da Terra, 1992.

Princípios da Carta da Terra
III – Justiça social e econômica

9. Erradicar a pobreza como um imperativo ético, social e ambiental.
10. Garantir que as atividades e instituições econômicas em todos os níveis promovam o desenvolvimento humano de forma equitativa e sustentável.

Princípios da Carta da Terra
III – Justiça social e econômica
11. Afirmar a igualdade e a equidade de gênero como pré-requisitos para o desenvolvimento sustentável e assegurar o acesso universal à educação, assistência de saúde e às oportunidades econômicas.
12. Defender, sem discriminação, os direitos de todas as pessoas a um ambiente natural e social, capaz de assegurar a dignidade humana, a saúde corporal e o bem-estar espiritual, concedendo especial atenção aos direitos dos povos indígenas e minorias.

Fonte: Carta da Terra, 1992.

Princípios da Carta da Terra
IV – Democracia, não violência e paz
13. Fortalecer as instituições democráticas em todos os níveis e proporcionar-lhes transparência e prestação de contas no exercício do governo, participação inclusiva na tomada de decisões, e acesso à justiça.
14. Integrar, na educação formal e na aprendizagem ao longo da vida, os conhecimentos, valores e habilidades necessárias para um modo de vida sustentável.
15. Tratar todos os seres vivos com respeito e consideração.
16. Promover uma cultura de tolerância, não violência e paz.

Fonte: Carta da Terra, 1992.

Conheça a Carta da Terra na íntegra, disponível em: https://cartadaterrainternacional.org/leia-a-carta-da-terra/. Acesso em: 16 maio 2023.

6.2 RELEVÂNCIA E TIPOS DE DEMONSTRATIVOS DE NATUREZA SOCIAL, AMBIENTAL E ECONÔMICO-FINANCEIRA

Algumas instituições observaram que a utilização apenas dos demonstrativos contábeis e financeiros não representa os anseios da sociedade, iniciando um movimento mundial para o desenvolvimento de instrumentos corporativos de natureza social e ambiental.

Del Águila (2014) destaca a visão da responsabilidade social como uma categoria ética e que tem exigido nas últimas décadas a ação das pessoas, das organizações sociais e econômicas, assim como das instâncias políticas. Portanto, é necessário incorporar ações que contribuam com essas exigências.

Atualmente, discute-se sobre a relevância da sustentabilidade, sendo que são desenvolvidos ou aprimorados instrumentos corporativos que abordam aspectos sociais, ambientais e econômicos, mas muitas empresas ainda não adotam. No Brasil, são utilizados instrumentos como os citados a seguir:

- Balanço Social.
- Relatório de Sustentabilidade.
- NBCT (Normas Brasileiras de Contabilidade – Técnica) 15.
- Relato Integrado.

Os demonstrativos empresariais de natureza social e ambiental consistem em instrumentos que buscam a ampliação da transparência.

6.3 EXERCÍCIOS

1) Leia as afirmações a seguir e assinale a alternativa correta.
    I. As empresas precisam se preocupar apenas com os seus aspectos econômicos e financeiros, pois se elas tiverem crescimento, certamente, todos os brasileiros melhorarão a qualidade de vida.
    II. O crescimento econômico sempre deve estar associado ao desenvolvimento social e ambiental.
    III. A sociedade atual necessita se preocupar com os aspectos éticos e com a transparência em relação à sustentabilidade.
    a) Apenas a afirmação I está correta.
    b) Apenas a afirmação II está correta.
    c) Apenas a afirmação III está correta.
    d) Apenas as afirmações II e III estão corretas.
    e) Todas as afirmações estão corretas.

2) Leia as afirmações a seguir e assinale a alternativa que **não** corresponde a uma condicionante da Responsabilidade Social Corporativa (RSC), segundo Fernando Navarro García.
    a) A globalização não tem retorno.
    b) É possível parar a expansão internacional das organizações (internacionalização ou mundialização) e a consolidação internacional de gostos e tendências uniformes.
    c) A empresa não é só um elemento indispensável para o desenvolvimento da sociedade, é também parte dela.
    d) Dado que a RSC se move no âmbito da Ética, tem um caráter essencialmente voluntário.
    e) A RSC deve ser conhecida, desejada e aceita por toda a sociedade e pela comunidade internacional.

3) Sobre a Carta da Terra, é possível afirmar que:
    a) Foi criada na Inglaterra em 1985 e representa os ideais da Europa Ocidental.
    b) É um importante documento de preservação indígena, elaborado pela FUNAI.
    c) Foi criada em 1992, na Conferência das Nações Unidas sobre o Meio Ambiente e o Desenvolvimento, realizada na cidade do Rio de Janeiro, Brasil.
    d) Também é conhecida como ECO-2015, criada pela ONU na Suíça.
    e) Foi um instrumento utilizado pela China para defender o livre mercado.

4) Leia as afirmações a seguir e assinale a alternativa correta.
   I. O objetivo da ECO-92 foi debater os problemas ambientais mundiais.
   II. A ECO-92 foi um marco, pois nela foi iniciado um projeto que teve a iniciativa da ONU: a elaboração da Carta da Terra.
   III. A Carta da Terra consiste em uma declaração de princípios éticos que busca construir, no século XXI, uma sociedade global mais justa, sustentável e pacífica, e que influenciou muito no desenvolvimento inicial de políticas éticas sustentáveis corporativas.
   a) Apenas a afirmação I está correta.
   b) Apenas as afirmações I e II estão corretas.
   c) Apenas as afirmações I e III estão corretas.
   d) Apenas as afirmações II e III estão corretas.
   e) Todas as afirmações estão corretas.

5) **Não** consiste em um dos princípios da Carta da Terra:
   a) A defesa do desenvolvimento econômico, independentemente de aspectos sociais e ambientais.
   b) Respeitar e cuidar da comunidade da vida.
   c) Integridade ecológica.
   d) Justiça social e econômica.
   e) Democracia, não violência e paz.

6) Leia as afirmações a seguir e assinale a alternativa correta.
   I. Iniciou-se um movimento mundial para o desenvolvimento de instrumentos corporativos de natureza social e ambiental.
   II. Os demonstrativos empresariais de natureza social e ambiental consistem em instrumentos que buscam a redução da transparência.
   III. Algumas instituições observaram que a utilização apenas dos demonstrativos contábeis e financeiros não representa os anseios da sociedade.
   a) Apenas a afirmação I está correta.
   b) Apenas as afirmações I e II estão corretas.
   c) Apenas as afirmações I e III estão corretas.
   d) Apenas as afirmações II e III estão corretas.
   e) Todas as afirmações estão corretas.

7) São exemplos de instrumentos corporativos que abordam de forma conjunta aspectos sociais, ambientais e econômicos, **exceto**:
   a) Balanço Social.
   b) Relatório de Sustentabilidade.
   c) Relato Integrado.
   d) Fluxo de Caixa.
   e) NBCT (Normas Brasileiras de Contabilidade - Técnica) 15.

8) Atividade: projeto ambiental
   Pesquise um projeto ambiental vitorioso de uma empresa e relate a sua síntese. Não esqueça de citar a fonte.

9) Estudo de Caso – Projeto social

   Uma empresa de porte nacional, que remunera bem seus colaboradores, com benefícios e plano de carreira, preocupada com o desenvolvimento social do Brasil, desenvolveu um projeto para atender a comunidades carentes.

   O projeto assistencial consistia em arrecadar donativos e distribuir em comunidades carentes de diferentes regiões brasileiras.

   No primeiro ano, a empresa teve muita dificuldade em encontrar voluntários para adesão, pois as ações eram aos domingos e os colaboradores não demonstraram disponibilidade para elas, por ser o único dia em que não trabalhavam.

   Portanto, foi criado um plano de adesão que incluía:
   - Formas de medir a participação e os resultados dos colaboradores.
   - Um bônus para as três equipes que tivessem mais colaboradores e melhores resultados.

   O projeto passou a ser um sucesso porque melhorou a imagem institucional externa e contribuiu com as comunidades.

   A adesão continuou a ser opcional, mas como a premiação era da equipe, os profissionais que não aderiram eram um pouco discriminados.

Perguntas:
   a) A empresa agiu corretamente com o programa de bônus?
   b) Na sua opinião, de que maneira a empresa poderia conseguir a adesão dos profissionais?
   c) A forma de premiação usando como base participação e resultados é justa?

CAPÍTULO
7

RELATO INTEGRADO

OBJETIVOS
Este capítulo explica o que é, quais os objetivos e como é composto um Relato Integrado, além de apresentar os capitais que contemplam o Relato Integrado.

COMPETÊNCIAS ADQUIRIDAS
- Conhecer o Relatório Integrado, instrumento que está sendo uma tendência em diversos segmentos empresariais.
- Compreender e refletir sobre a necessidade de indicadores que possibilitem analisar micro e pequenas empresas de diferentes portes.
- Saber criar indicadores de sustentabilidade, considerando as características de cada empresa.

A necessidade de demonstrativos de natureza social, ambiental e econômico-financeira resultou na criação do *Integrated Reporting* ou Relato Integrado.

> O Relato Integrado foi desenvolvido pelo **International Integrated Reporting Council** (IIRC) e o objetivo do Relato Integrado é promover a comunicação sobre a criação de valor como o próximo passo na evolução da comunicação corporativa.

Fonte: Comissão Brasileira de Relato Integrado, 2019.

> O Relato Integrado compartilha as ações e as soluções de gestão por meio da divulgação. Não consiste em um relatório, mas um processo. O conceito de Relato Integrado surgiu como um desmembramento do Projeto do Príncipe de Gales denominado *A4S The Prince's Accounting for Sustainability Project*, que foi criado em 2004, com o objetivo de desenvolver instituições, ferramentas e sistemas que pudessem contribuir para a criação de um ambiente econômico mais sustentável.

7.1 CONCEPÇÃO DO RELATO INTEGRADO

Conforme Howitt (BNDES, 2017), o Relato Integrado é uma abordagem nova, mais concisa e adequada às empresas na elaboração de relatórios corporativos. Não se trata apenas de elaborar os relatórios, mas de aprimorar o sistema de comunicação corporativo existente. Ele possibilita que a empresa use seus relatórios para incentivar a criação de valor em longo prazo para o próprio negócio, considerando o mundo interconectado e multicapital do qual as empresas, hoje, fazem parte.

Borgerth (*In* BNDES, 2017) afirma que o Relato Integrado está relacionado ao processo de reportar, ao produto final dessa atividade.

Logo, o Relato Integrado consiste em um processo que visa à melhoria contínua da qualidade da informação disponibilizada aos investidores, conselheiros, funcionários, fornecedores, clientes, governo e demais interessados nas informações sociais, ambientais e econômicas, de forma processual.

Destaca-se que em 2012 criou-se a Comissão Brasileira de Acompanhamento do Relato Integrado, que possui o objetivo de manter o mercado brasileiro atualizado sobre essa iniciativa, além de contribuir no processo de implantação e estimular o engajamento das empresas brasileiras nesse processo. Hoje, essa comissão tem 190 participantes de cerca de 90 organizações.

> Pela definição do IIRC (2017), o Relato Integrado "é uma comunicação concisa sobre como a estratégia, a governança, o desempenho e as possibilidades de uma organização, no contexto do seu ambiente externo, levam à criação de valor no curto, médio e longo prazo".

Conforme o IIRC, o Relato Integrado representa uma nova abordagem da comunicação corporativa a ser empreendida pelas organizações, demonstrando as conexões entre as estratégias organizacionais, de governança e do desempenho financeiro com o contexto ambiental, social e econômico de uma organização. Essa conexão e interligação entre as diversas áreas auxiliarão as organizações a tomarem decisões mais sustentáveis, além de demonstrar com mais transparência, aos investidores e a todas as partes interessadas, como ela está atuando de fato.

7.2 OBJETIVOS ESPECÍFICOS DO RELATO INTEGRADO

Os objetivos específicos do Relato Integrado, conforme o IIRC (2017), são:

- Estimular uma abordagem mais integrada e eficiente para os relatórios corporativos que comunicam diversos fatores relevantes que afetam a capacidade de uma organização de criar valor no decorrer do tempo.
- Informar a alocação do capital financeiro que suporta a criação de valor em curto, médio e longo prazo.
- Atribuir a responsabilidade à administração com relação às várias formas de capitais (financeiro, manufaturado, intelectual, social, humano, natural e de relacionamento) e promover o entendimento da interdependência entre eles, fazendo com que esse relatório seja utilizado pela administração na gestão do negócio de forma cotidiana.
- Suportar a tomada de decisão e ação focada na criação de valor a curto, médio e longo prazo, apoiando também as necessidades de informação dos investidores.
- Refletir exatamente as interconexões entre fatores financeiros, ambientais, sociais e de governança nas decisões que afetam o desempenho, inclusive no longo prazo, deixando clara a relação entre a sustentabilidade e o valor econômico.

Segundo Eccles e Krzus (2011), existem duas razões primordiais para as empresas adotarem esse novo padrão de comunicação corporativa:

I. Trata de um elemento-chave quando a sustentabilidade é levada a sério, desde que a empresa tenha adotado uma estratégia verdadeiramente sustentável, respondendo aos riscos e oportunidades criados pela necessidade de garantir uma sociedade sustentável.
II. Simplificação proporcionada por uma mensagem única para todas as partes interessadas é um elemento-chave no aprimoramento da divulgação de informação da empresa e da transparência no processo.

7.3 PRINCÍPIOS DO RELATO INTEGRADO

A seguir, serão apresentados os Princípios do Relato Integrado, que sustentam a elaboração do Relatório Integrado. Esses princípios são apresentados no documento *Estrutura Internacional para Relato Integrado*, publicado em língua inglesa pelo Conselho Internacional do Relato Integrado (IIRC, 2013) e traduzido pela Federação Brasileira de Bancos (FEBRABAN):

Princípio 1. **Foco estratégico e orientação para o futuro**: oferece uma visão da estratégia da organização e como esta se relaciona com a capacidade da organização de gerar valor no curto, médio e longo prazos, bem como com o uso que faz dos capitais e seus impactos sobre eles.

Princípio 2. **Conectividade da informação**: a fim mostrar uma imagem holística da combinação, do inter-relacionamento e das dependências entre os fatores que afetam a capacidade da organização de gerar valor ao longo do tempo.

Princípio 3. **Relações com partes interessadas**: para prover uma visão da natureza e da qualidade das relações que a organização mantém com suas principais partes interessadas, incluindo como e até que ponto a organização entende, leva em conta e responde aos seus legítimos interesses e necessidades.

Princípio 4. **Materialidade**: divulgar informações sobre assuntos que afetam, de maneira significativa, a capacidade de uma organização de gerar valor em curto, médio e longo prazo.

Princípio 5. **Concisão**: o Relatório deve ser conciso.

Princípio 6. **Confiabilidade e completude**: deve abranger todos os assuntos relevantes, tanto positivos quanto negativos, de maneira equilibrada e isento de erros materiais.

Princípio 7. **Coerência e comparabilidade**: as informações em um relatório integrado devem ser apresentadas: (a) em bases coerentes ao longo do tempo; e (b) de maneira a permitir uma comparação com outras organizações na medida em que seja material para a capacidade da própria organização de gerar valor ao longo do tempo.

7.4 ELEMENTOS DE CONTEÚDO

A elaboração do Relato Integrado exige informações de diferentes áreas, pois consiste em um processo em que a divulgação é uma fase do processo.

> O Relato Integrado abrange oito Elementos de Conteúdo que estão fundamentalmente vinculados uns aos outros e não são mutuamente excludentes:
>
> - **Visão geral organizacional e ambiente externo**: o que a organização faz e sob quais circunstâncias ela atua?
> - **Governança**: como a estrutura de governança da organização apoia sua capacidade de gerar valor em curto, médio e longo prazo?
> - **Modelo de negócios**: qual é o modelo de negócios de organização?
> - **Riscos e oportunidades**: quais são os riscos e oportunidades específicas que afetam a capacidade da organização de gerar valor em curto, médio e longo prazo, e como a organização lida com eles?
> - **Estratégia e alocação de recursos**: para onde a organização deseja ir e como ela pretende chegar lá?
> - **Desempenho**: até que ponto a organização já alcançou seus objetivos estratégicos para o período e quais são os impactos no tocante aos efeitos sobre os capitais?
> - **Perspectiva**: quais são os desafios e as incertezas que a organização provavelmente enfrentará ao perseguir sua estratégia e quais são as potenciais implicações para seu modelo de negócios e seu desempenho futuro?
> - **Base para apresentação**: como a organização determina os temas a serem incluídos no relatório integrado e como estes temas são quantificados ou avaliados?

Fonte: IIRC (2013).

7.5 OS SEIS CAPITAIS

Conforme o IIRC (2013, p. 11): "Os capitais são repositórios de valor que aumentam, diminuem ou se transformam por meio de atividades e produtos da organização". Portanto, são fundamentais para a construção de valor da empresa e para o desenvolvimento da sociedade.

Os seis capitais, segundo o IIRC (2014), são:

1. **Capital financeiro:**
   - Conjunto de recursos disponíveis para organização a fim de serem utilizados na produção de bens ou na prestação de serviços.
   - Financiamentos, tais como dívidas, ações ou subvenções, ou gerado por meio de investimentos.

2. **Capital manufaturado:**
   - Objetos físicos manufaturados disponíveis a uma organização para uso na produção de bens ou na prestação de serviços, incluindo: prédios, equipamentos e infraestrutura (como estradas, portos, pontes e plantas para o tratamento de esgoto e água).
   - É importante compreender que o capital manufaturado pode ser gerado por outras organizações, mas inclui ativos fabricados pela organização relatora para venda, ou quando retidos, para uso próprio.
   - Observa-se que não são os objetos físicos naturais.

3. **Capital intelectual:**
   - São intangíveis da organização que agregam conhecimento, como: propriedade intelectual, patentes, direitos autorais, *software* e outros.

4. **Capital humano:**
   - Consiste nas competências, nas habilidades e nas experiências das pessoas e suas motivações para inovar, incluindo: o seu alinhamento e apoio à estrutura de governança, ao gerenciamento de riscos e aos valores éticos.
   - Também contempla: capacidade de compreensão, de desenvolvimento e de implementação da estratégia de uma organização, além de lealdade e motivação para melhorar processos, bens e serviços, capacidade de liderar, gerenciar e colaborar.

5. **Capital social e de relacionamento:**
   - Consiste nas instituições e nos relacionamentos dentro e entre comunidades, grupos de partes interessadas e outras redes, e a capacidade de compartilhar informações para melhorar o bem-estar individual e coletivo.
   - Abrange padrões compartilhados, bem como valores e comportamentos comuns, os relacionamentos com as principais partes interessadas e a confiança e o compromisso de uma organização.

6. **Capital natural:**
   - Abrange todos os recursos ambientais renováveis e não renováveis e processos ambientais que fornecem bens ou serviços que apoiam a prosperidade passada, presente e futura de uma organização, como: água, terra, minerais e florestas.

Na Figura 7.1, visualizam-se os conceitos utilizados pelo IIRC (2017) para uma organização.

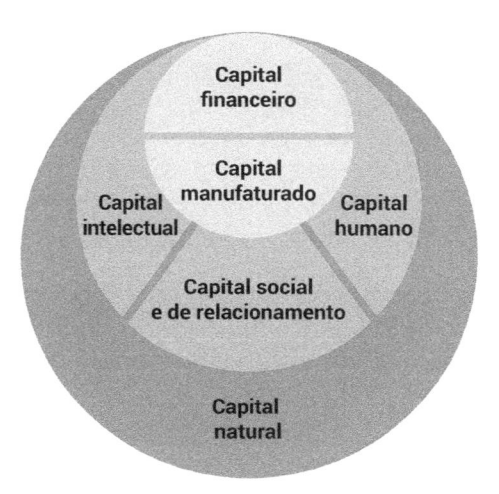

FIGURA 7.1 Diagrama dos capitais de um Relato Integrado.
Fonte: IIRC (2017).

Destaca-se que esses capitais não possuem uma relação hierárquica.

7.6 EXERCÍCIOS

1) Qual o objetivo principal da criação do Relato Integrado?
   a) Divulgar informações sobre Ética das instituições.
   b) Valorizar as instituições que não têm preocupação social ou ambiental.
   c) Promover a comunicação das instituições sobre a criação de valor como o próximo passo na evolução da comunicação corporativa.
   d) Contribuir com o processo de globalização.
   e) Mostrar como as instituições realizam seus processos internos valorizando iniciativas inovadoras.

2) Sobre o Relato Integrado, **não** é possível afirmar que:
   a) Não tem o objetivo de promover a comunicação.
   b) Foi desenvolvido pelo International Integrated Reporting Council (IIRC).
   c) É obrigatória a sua elaboração.
   d) Compartilha as ações e as soluções de gestão por meio da divulgação.
   e) Contribui para desenvolver instituições, ferramentas e sistemas que possam colaborar para um ambiente econômico mais sustentável.

3) Sobre a concepção do Relato Integrado, é possível afirmar que:
   a) É muito antigo (criado em 1854), sendo aperfeiçoado anualmente.
   b) Consiste em uma abordagem nova, que busca comunicação mais concisa e adequada às empresas na elaboração de relatórios corporativos.
   c) Se trata apenas de elaborar os relatórios para cumprir formalidades.
   d) É uma nova roupagem para os antigos relatórios financeiros.
   e) Equivale ao Código de Conduta.

4) Leia as afirmações sobre o Relato Integrado e assinale a alternativa correta.

   I. Possibilita que a empresa use seus relatórios para incentivar a criação de valor em longo prazo para o próprio negócio, considerando o mundo interconectado e multicapital do qual as empresas fazem parte atualmente.

   II. Está relacionado à transparência das empresas.

   III. Consiste em um processo que visa à melhoria contínua da qualidade da informação disponibilizada aos investidores, conselheiros, funcionários, fornecedores, clientes, governo e demais interessados nas informações sociais, ambientais e econômicas, de forma processual.

   a) Apenas a afirmação I está correta.
   b) Apenas as afirmações I e II estão corretas.
   c) Apenas as afirmações I e III estão corretas.
   d) Apenas as afirmações II e III estão corretas.
   e) Todas as afirmações estão corretas.

5) São objetivos específicos do Relato Integrado, **exceto**:
   a) Informar a alocação do capital financeiro que suporta a criação de valor em curto, médio e longo prazo.
   b) Aprimorar a responsabilidade sobre a administração com relação às várias formas de capitais (financeiro, manufaturado, intelectual, social, humano, natural e de relacionamento) para pro-

mover o entendimento da interdependência entre eles, fazendo com que esse relatório seja utilizado pela administração na gestão do negócio de maneira cotidiana.

c) Suportar a tomada de decisão e ação focada na criação de valor a curto, médio e longo prazo, apoiando também as necessidades de informação dos investidores.

d) Se limitar na divulgação das ações de marketing a fim de melhorar a imagem institucional.

e) Estimular abordagem mais integrada e eficiente em relatórios corporativos que comuniquem fatores relevantes diversos que afetam a capacidade de uma organização em criar valor no decorrer do tempo.

6) Sobre o Relato Integrado, é possível afirmar que:
   a) Devem apresentar apenas dados sociais e ambientais.
   b) Devem refletir as interconexões entre fatores financeiros, ambientais, sociais e de governança nas decisões que afetam o desempenho.
   c) Consiste em um relatório que descreve as ações éticas da instituição.
   d) Não deve contribuir para deixar clara a relação entre a sustentabilidade e o valor econômico.
   e) Aborda apenas aspectos externos à instituição.

7) São exemplos de Princípios do Relato Integrado, **exceto**:
   a) Concisão e confiabilidade.
   b) Foco estratégico e orientação para o futuro.
   c) Conectividade da informação e materialidade.
   d) Relações com partes interessadas e comparabilidade.
   e) Justiça e unidade.

8) A coerência e a comparabilidade é um Princípio do Relato Integrado para garantir:
   a) Bases coerentes ao longo do tempo, a fim de possibilitar a verificação da evolução da instituição no tempo e viabilizar comparação com outras organizações.
   b) A divulgação das informações sobre assuntos que afetam, de maneira significativa, a capacidade de uma organização.
   c) A geração de gerar valor em curto prazo.
   d) A concisão do relatório.
   e) Todos os assuntos relevantes, tanto positivos quanto negativos, de maneira equilibrada e isento de erros materiais.

9) Os Capitais apresentados nos Relatos Integrados são classificados em:
   a) Financeiro, manufaturado, intelectual, humano, social e de relacionamento e natural.
   b) Contábil, nacional, social, humano, ambiental e financeiro.
   c) Regional, nacional, legal, emocional, estratégico e temporal.
   d) Financeiro, legal, intelectual, emocional, social e de relacionamento e natural.
   e) Estratégico, manufaturado, de curto prazo, de longo prazo, humano e de relacionamento e natural.

10) Estudo de Caso – Relato Integrado da Boyle

    Uma empresa fictícia, chamada Boyle, do ramo químico de embalagens plásticas, expõe claramente suas estratégias e estrutura de negócio junto a como ela se relaciona para a criação de valor para empresa e público externo.

Essa empresa descreve em seu relatório tudo o que faz em relação ao desenvolvimento sustentável, para contribuir em temas que o público considera mais relevantes.

Além disso, essa empresa informa seus objetivos estratégicos e os relaciona com a cadeia produtiva e as oportunidades de expansão de produtos, enfocando-os às suas ações socioambientais para redução do impacto ambiental de suas atividades.

Ela também divulga seu desempenho econômico e financeiro de maneira transparente e descritiva por meio de suas dívidas, geração de valor econômico, investimentos e desempenho operacional de seus produtos, e apesar de não utilizar a mesma nomenclatura proposta pelo IIRC, ela relata assuntos relacionados ao capital intelectual, ao capital organizacional, à inovação e tecnologia com foco no atendimento de clientes e à criação de novas soluções que gerem valor à sociedade.

A empresa também integra os demais capitais, de forma avulsa, porém integrada, atrelando-os às ações sustentáveis que ela adota, como tratamento de resíduos, proteção ambiental e aos projetos sociais, bem como no gerenciamento de emissões de gases de efeito estufa, riscos e oportunidades identificados em decorrência de mudanças climáticas.

Perguntas:
   a) A indústria Boyle enfatiza a importância do pensamento integrado? Justifique a sua resposta.
   b) Cite algum Princípio do Relato Integrado apresentado pela Empresa Boyle.

11) Fórum: diferença entre os capitais

   Qual a diferença entre os dois capitais a seguir? Explique e exemplifique.

   1. Capital intelectual
   2. Capital humano

12) Atividade: comparativo sobre o capital natural
   - Pesquise na internet o Relato Integrado de duas empresas do mesmo segmento.
   - Compare o conteúdo que aborda o Capital Natural das empresas. Os conteúdos são parecidos?

CAPÍTULO 8

A NECESSIDADE DE CONSTRUÇÃO DE INDICADORES

OBJETIVOS
Neste capítulo serão apresentados exemplos de indicadores.

COMPETÊNCIAS ADQUIRIDAS
- Ter consciência sobre a necessidade de acompanhamento e controle dos aspectos relacionados à sustentabilidade.
- Saber construir indicadores de sustentabilidade empresarial.

8.1 MEIO AMBIENTE

O meio ambiente pode ser chamado apenas de ambiente, porque envolve as coisas, os animais e as pessoas da Terra, logo é composto de seres vivos e não vivos. O ambiente está relacionado, ainda, aos ecossistemas, sendo composto de vida humana, animal e vegetal.

Apesar de utilizar a expressão "meio ambiente", pois é dessa maneira que se emprega na sociedade, essa expressão é um pouco inadequada.

O meio já significa o ambiente; logo, é uma redundância, podendo ser utilizado apenas "meio" ou apenas "ambiente".

Esse ambiente deve ser preservado e as atividades tendem a impactar, causando destruição ambiental e utilização dos recursos.

Questão para debate: é possível desenvolvimento com sustentabilidade?

Essa questão é muito importante, pois há países no mundo que se desenvolvem, porém violando direitos humanos, desmatando, destruindo recursos naturais, causando desigualdades sociais, enfim, destruindo vidas e, consequentemente, o planeta.

Devemos ter claro que:

a. O meio ambiente está em constante mutação

Ele se transforma a cada momento, construindo um planeta que possibilitará novos olhares, novas composições, o que promoverá novos desafios. O meio evolui, podendo ser melhorado ou piorado a cada instante, conforme o aparecimento de novos problemas. Como exemplo, pode-se citar:

- Algumas doenças que tendem a desaparecer, como a pólio, devido a campanhas internacionais que são amplamente divulgadas e apoiadas pelo Rotary International.
- Há doenças que tendem a crescer, caso não tenham ações sociais, como desenvolvimento de pesquisa e mudança comportamental. Por exemplo: câncer no intestino, anorexia e diabetes.
- Algumas doenças que eram desconhecidas, mas que atualmente são diagnosticadas.
- A obesidade em determinados países é um problema mais grave do que a fome.
- A água, que parecia um recurso ilimitado, demonstra sua escassez, preocupando o futuro.
- Espécies são extintas.
- A utilização de recursos tecnológicos impacta nas relações humanas e afeta comportamentos.
- A mortalidade infantil é reduzida.
- Aumento das áreas desmatadas no Brasil.

Para atender a esses aspectos, como citado no Capítulo 1, é muito importante a utilização da inovação, por meio da tecnologia e do aprendizado contínuo.

É preciso analisar os seguintes aspectos em relação ao ambiente:

a) Quais os impactos dos novos e velhos hábitos, métodos produtivos e procedimentos?

b) Como prevenir (evitar) impactos negativos?

c) Como minimizar os impactos causados?

d) Como melhorar o meio?

---

b. A responsabilidade da empresa não deve se limitar ao seu impacto ao meio ambiente

As empresas e as pessoas devem construir um ambiente melhor do que o anterior à sua existência.

Uma empresa, ao realizar uma ação que impacta ao meio ambiente, como uma produção inadequada que causa desmatamento, ao promover o reflorestamento, minimiza esse impacto. A empresa deve realizar ações além desses limites, como projetos sociais ou incentivos para desenvolvimento local.

Observe que a Terra, como qualquer planeta, tem o risco de acabar, mas há alguns fatores que são preocupantes. Segundo o Painel Intergovernamental sobre Mudanças Climáticas (IPCC) da Organização das Nações Unidas (ONU), em Estocolmo:

- Os desastres naturais devem ocorrer com mais frequência, se não for feito nada para impedir as mudanças climáticas. Os especialistas do Painel Intergovernamental sobre Alterações Climáticas (IPCC) têm a certeza de que foi a atividade humana que provocou valores jamais previstos de alerta máximo. A ONU atribui 95% da culpa pelo aquecimento global ao ser humano.

- A temperatura do planeta pode aumentar até 4,8 °C neste século e o nível do mar pode subir até 82 centímetros, com danos relevantes na maior parte das regiões costeiras do globo.
- Os líderes mundiais destacam a importância em reduzir as emissões de CO_2, principal causa do aquecimento global.

O relatório afirma ainda que com o desflorestamento desenfreado e as emissões de gases poluentes, o ambiente está em risco. A humanidade vai enfrentar tempestades imprevisíveis, chuvas torrenciais, inundações que arrasarão aldeias, vilas, ilhas e, como sempre, os países subdesenvolvidos sofrerão mais com essas catástrofes.

Portanto, o papel das empresas deve ir além dos seus impactos ambientais, porque não se preocupar com essas alterações climáticas é não se importar com a vida.

A empresa deve analisar outros aspectos como a utilização do plástico, do papel, da radioatividade ou até aspectos mais humanos como o seu impacto na distribuição da renda, com políticas além dessas intervenções, contribuindo de maneira efetiva para a sociedade.

É importante destacar que, antigamente, era comum abordar o impacto no desenvolvimento e na renda local das empresas, mas por causa da globalização, suas dimensões deixam de ser cada vez mais locais.

Reflexão: o fato de uma empresa contratar e formar profissionais é algo importante. No entanto, isso não é justificativa para que ela compre componentes de mão de obra escrava ou devaste, causando desequilíbrio ecológico.

8.2 AGENTES RESPONSÁVEIS PELAS POLÍTICAS SUSTENTÁVEIS

Toda a sociedade deve estar comprometida com a construção de uma sociedade mais ética e sustentável; portanto, os agentes que devem ser colaborativos para o desenvolvimento dessas políticas são:

8.2.1 Órgãos públicos

Os órgãos públicos devem ter políticas sustentáveis, considerando os três elementos da sustentabilidade: aspectos sociais, ambientais e econômicos (*Triple Botton Line*, citado no Capítulo 1).

- **Aspectos sociais**

As políticas sociais que devem ser desenvolvidas pelos órgãos públicos são muitas, como:

a. **Ter políticas claras de habitação e de condições de desenvolvimento humano**: tais políticas não se limitam a políticas assistencialistas, mas a criar condições de emprego, renda e desenvolvimento humano.

b. **Ofertar ensino com qualidade, garantindo conteúdos sobre as políticas de sustentabilidade**: as instituições de ensino devem ofertar cursos com qualidade, que consistem em uma série de variáveis e ópticas. Um aspecto, porém, é consenso: há a necessidade de agregar políticas sustentáveis e responsabilidade social em todos os níveis. Essas políticas devem contemplar, inclusive, finanças pessoais, relação e preocupação com a natureza e outros.

8.2.2 Aspectos ambientais

Entre os aspectos ambientais, podem-se citar políticas ambientais, além de medidas que incentivem as ações públicas e privadas sustentáveis. Um dos aspectos é definir, por exemplo, as condições, cobranças e tributações em relação à utilização dos recursos, em especial a água.

8.2.3 Aspectos econômicos

Em relação aos aspectos econômicos, é necessário medidas como:

a. **Rever as formas de tributação**: a carga tributária no Brasil sempre incidiu muito sobre a produção e o desenvolvimento de atividades. Para a construção de uma nova sociedade, é muito importante incentivar empresas que tenham políticas sociais e sustentáveis.

   Os tributos na estrutura atual representam uma punição para as empresas, pois incidem sobre prestação de serviços, circulação de mercadorias, industrialização ou salários. Refletir sobre essas formas de tributação é fundamental para o desenvolvimento da sociedade sustentável.

   A sociedade deve buscar o desenvolvimento sustentável e responsável; também as empresas públicas e privadas devem caminhar nessa direção. Logo, em relação à tributação, essa realidade não pode ser diferente.

b. **Elaborar planejamento financeiro para atender aos três elementos da sustentabilidade**: para atender atualmente e ter condições de atender no futuro, é necessário planejamento financeiro de longo prazo e anual, com revisão periódica, evitando o crescimento da dívida pública interna ou externa.

c. **Desenvolver e acompanhar políticas para transparência dos órgãos públicos e privados**: a transparência é fundamental para garantir o *Triple Bottom Line*. No Brasil, várias políticas têm sido implantadas para transparência nas instituições privadas, com controles fiscais e contábeis, inclusive com a implantação do Sistema Público de Escrituração Digital (SPED) pelo Ministério da Fazenda. Esse processo é muito importante e deve ser expandido para os órgãos públicos, possibilitando o controle da sociedade sobre as contas públicas.

> Para as empresas e a população agirem de forma ética e sustentável, é muito importante que os gestores públicos deem o exemplo.

É importante observar que esse conjunto de ações depende de uma integração entre órgãos das três esferas (federal, estadual e municipal), nos três poderes: executivo, legislativo e judiciário.

> Os gestores empresariais e formadores de opiniões devem buscar intervir nos órgãos públicos para garantir as políticas públicas de apoio a uma sociedade melhor e com mais responsabilidade social.

8.3 ORGANISMOS INTERNACIONAIS

Os organismos internacionais são fundamentais para criar, promover e desenvolver políticas sustentáveis corporativas. Eles podem incentivar acordos entre países, difundir experiências, propor normas reguladoras e promover subsídios cruzados, ou seja, entre países ou entre projetos.

Há muitos órgãos internacionais, por exemplo:

- ONU (Organização das Nações Unidas).
- UNESCO (Organização das Nações Unidas para a Educação, Ciência e Cultura).
- OCDE (Organização para a Cooperação e Desenvolvimento Econômico).
- OMS (Organização Mundial da Saúde).
- OEA (Organização dos Estados Americanos).
- OTAN (Organização do Tratado do Atlântico Norte).
- BIRD (Banco Internacional para Reconstrução e Desenvolvimento).
- OMC (Organização Mundial do Comércio).
- OIT (Organização Internacional do Trabalho).

Ainda, podem-se citar:

- Os órgãos internacionais de áreas profissionais específicas.
- Os órgãos internacionais com projetos ou objetivos específicos.
- As áreas de relações internacionais dos países.
- Os blocos econômicos.

8.4 SÓCIOS E ADMINISTRADORES DE EMPRESAS PRIVADAS

Os sócios e administradores devem se preocupar com a política de sustentabilidade, pois:

- **Necessitam atender à legislação**: os países adotam leis para proteção do meio ambiente e da sua população, portanto é necessário acompanhar e seguir.
- **Se preocupam com a imagem do produto**: hoje, uma parte dos clientes acompanha o compromisso social das empresas e os seus impactos e ações. Essa população tem crescido com a conscientização. Portanto, hoje, há clientes que preferem comprar apartamentos com projetos sustentáveis.
- **Se preocupam com a captação de recursos e a imagem institucional**: as políticas de sustentabilidade são importantes para oferta de ações e captação de recursos. Há, inclusive, empresas que preferem fornecedores que têm projetos sociais.
- **Precisam prestar contas para a sociedade**: a sociedade é que mantém as empresas. Os clientes, os fornecedores, enfim, o mercado é que mantém as instituições, portanto elas necessitam prestar contas para essa comunidade externa. Como sociedade, podem-se considerar os funcionários, os terceirizados, os fornecedores, os prestadores de serviços, as pessoas do entorno, a opinião pública, os familiares dos colaboradores e outros.

Observe que uma empresa, ao se instalar em uma região, pode ofertar empregos, mas com ela pode ocorrer desequilíbrio ecológico ou até criar uma comunidade próxima que se deslocou em busca de uma vida melhor, mas que passa a sobreviver em condições subumanas. Por isso, o planejamento empresarial deve contemplar o espaço físico, as pessoas envolvidas e outros fatores, conforme o caso.

8.5 COLABORADORES DE INSTITUIÇÕES PÚBLICAS E PRIVADAS

É fundamental, para os resultados das empresas, os colaboradores (acionistas, funcionários, terceirizados, fornecedores, parceiros) estarem comprometidos com os programas. Esse comprometimento tem muita relação com a forma com que as empresas conduzem seus projetos e políticas de sustentabilidade.

Para os colaboradores agirem de maneira sustentável, ética e com responsabilidade social, é necessário:

- Desenvolver e implantar um Código de Conduta Empresarial.
- Acima de estar na missão, a empresa praticar ações sustentáveis, éticas e com responsabilidade social.
- Desenvolver políticas e projetos claros, e buscar uma comunicação que garanta que essas informações cheguem até as pessoas.
- Incentivar o comprometimento das pessoas com ações e projetos.
- Treinamento constante para que as pessoas tenham conhecimento sobre a forma de intervir no ambiente, possibilitando, inclusive, inovar com o desenvolvimento de projetos, parcerias, processos e ações.

8.6 TERCEIRO SETOR

São consideradas empresas do terceiro setor as Organizações Não Governamentais (ONGs), que não têm fins lucrativos, porém possuem objetivos sociais, filantrópicos, culturais, recreativos, religiosos e artísticos. São instituições não governamentais que têm como objetivo gerar serviços de caráter público.

Conforme Costa e Visconti (2001, p. 4):

> O terceiro setor constitui-se na esfera de atuação pública não estatal, formado a partir de iniciativas privadas, voluntárias, sem fins lucrativos, no sentido do bem comum. Nesta definição, agregam-se, estatística e conceitualmente, um conjunto altamente diversificado de instituições, no qual incluem-se organizações não governamentais, fundações e institutos empresariais, associações comunitárias, entidades assistenciais e filantrópicas, assim como várias outras instituições sem fins lucrativos.

O terceiro setor tem um papel fundamental para a sociedade. Atualmente, muitos governos necessitam dessas instituições para manter condições mínimas para a população. A iniciativa privada e os órgãos públicos, inclusive, realizam parcerias com o terceiro setor a fim de atingir seus objetivos sociais.

8.7 POPULAÇÃO EM GERAL

A preocupação com o planeta e com a sociedade deve ser uma preocupação de toda a sociedade. Muitas pessoas realizam ações consideradas inadequadas ou prejudiciais por desconhecimento. Por isso, a educação para o envolvimento e a mudança de comportamento das pessoas são essenciais. Portanto, para se conquistar uma sociedade que faça descarte correto de produtos, respeite o espaço do próximo e economize recursos, principalmente água, é fundamental a participação de todos os agentes integrados. A população, ainda, tem um papel de fiscalização e acompanhamento da sociedade.

8.8 ESTRATÉGIAS PARA ELABORAR POLÍTICAS DE SUSTENTABILIDADE CORPORATIVA

As empresas podem elaborar políticas de sustentabilidade de diversas formas, conforme a cultura e a política da empresa. Destacam-se, a seguir, algumas formas mais tradicionais:

- **Elaborar projetos ambientais e sustentáveis**: conforme Kahn (2003, p. 13), "Os projetos se caracterizam como empreendimentos temporários e buscam resultados únicos". A elaboração de um projeto requer um estudo de viabilidade econômico-financeira e, para elaboração, há metodologias próprias e necessidade de verificar as fontes de recursos. Há, inclusive, possibilidade de incentivos fiscais, devendo ser analisado cada caso.
- **Desenvolver políticas permanentes**: as empresas necessitam desenvolver políticas permanentes de sustentabilidade. Às vezes, pode parecer que apenas indústrias têm impacto ambiental, mas o comércio e a prestação de serviços também realizam ações como:
  - Utilizar sacolas plásticas, papel e papelão.
  - Produzir lixo resultante da atividade.
  - Adquirir produtos ou serviços de empresas, que podem ou não ser éticas e sustentáveis.
  - Utilizar produtos que agridem a natureza.
  - Ter relação com uma série de pessoas (funcionários, clientes, fornecedores e sociedade em geral) que devem ser éticas e sustentáveis.
  - Adquirir imóveis que têm impacto ambiental.

  Nas políticas permanentes, é importante serem contemplados os procedimentos internos e a postura dos colaboradores, pois se não tiver mudanças comportamentais, não há transformação social.
- **Realizar políticas de apoio ou parcerias**: há projetos que para serem executados é necessário ter parcerias e apoios. Essas parcerias podem ser com ONGs, empresas privadas ou órgãos públicos. Entre as instituições que podem ser parceiras, devem ser considerados o Rotary International e o Lions Club International, sociedades de bairro, instituições religiosas e outros.

8.9 O QUE SÃO INDICADORES E COMO UTILIZÁ-LOS?

Com o surgimento e o aprimoramento dos demonstrativos de natureza social, ambiental e econômico-financeira, houve uma tendência de flexibilização. Essa flexibilização, embora possibilite as empresas terem documentação e acompanhamento específicos, conforme a sua realidade e área, dificulta atender a princípios como comparabilidade e confiabilidade, e até podem impactar na transparência.

Portanto, é necessária a construção de indicadores mínimos para permitir que os usuários das informações consigam verificar o desempenho e comparar com outras empresas e segmentos, a fim de contribuírem com a sustentabilidade. Logo, por meio dos indicadores, é possível acompanhar o desempenho em relação aos aspectos sociais, ambientais, socioeconômicos e multiculturais, contribuindo com a evolução ética.

É importante ter claro o que são indicadores.

> Indicadores têm a função de demonstrar algo. Geralmente, são quantitativos, portanto mensuráveis, devendo ter critérios e seguir uma metodologia.

Por exemplo:

Uma empresa de saneamento básico, que capta, trata e distribui água, deseja criar indicadores de sustentabilidade (sociais, ambientais e econômico-financeiros), e propõe, entre outros, os seguintes:

- qualidade da água produzida;
- vazamentos;
- tempo de instalações de hidrômetros;
- quantidade de reclamações;
- acidentes de trabalho;
- qualidade do ambiente de trabalho;
- selos ambientais obtidos;
- cumprimento das leis trabalhistas.

O problema é definir como medir, ou seja, como serão mensurados e quais as fontes. No Quadro 8.1 são apresentdos exemplos de como se pode medir.

QUADRO 8.1 Exemplos de indicadores e formas de medição

Indicador	Unidade	Fonte	Forma de análise
Qualidade da água produzida	Índice de contaminação	Amostras periódicas	Quanto menor, melhor. O objetivo é ser zero
Vazamentos e perdas	Litros de água perdida, ou seja, a diferença entre o registrado e o produzido	Sistema operacional interno	Quanto menos, melhor
Tempo de instalações de hidrômetros	Média de dias para instalação	Sistema operacional interno	Quanto menos, melhor
Quantidade de reclamações	Número de reclamações/mês	Ouvidoria	Quanto menos, melhor
Acidentes de trabalho	Número de acidentes	Área de Recursos Humanos	Quanto menos, melhor
Qualidade do ambiente de trabalho	Escala de 1 a 10	Questionário respondido pelos funcionários	Quanto mais alto, melhor
Selos ambientais obtidos	Obtenção ou renovação do selo	Certificadora	Obter o selo
Cumprimento das leis trabalhistas	Número de processos trabalhistas considerados procedentes	Dados do Ministério do Trabalho	Quanto menos, melhor

8.10 PAPEL DOS INDICADORES PARA ACOMPANHAR O DESEMPENHO OU *PERFORMANCE*

> Desempenho, também denominado *performance*, consiste em características ou comportamentos de alguém ou algo no tempo.

No caso da Ética Empresarial, geralmente os indicadores buscam medir:

- o desempenho das pessoas, geralmente dos colaboradores;
- o desempenho da instituição ou de uma área;
- o desempenho ambiental, analisando fatores impactados pela instituição;
- a obtenção de certificações.

O fortalecimento dos indicadores depende de vários fatores, dos quais se destaca: maior sentimento de propriedade sobre os indicadores pelas partes interessadas (MALHEIROS; COUTINHO; PHILIPPI JR., 2012). O desempenho permite comparações:

a. **Temporais**: possibilita verificar se a instituição ou se os colaboradores atingem metas e se melhoram ao longo dos anos. Portanto, é muito importante manter a metodologia em diferentes anos.

b. **Institucionais**: permite comparar empresas diferentes, desde que os indicadores e os critérios sejam similares. Possibilita, inclusive, que a instituição tenha uma visão do seu posicionamento em relação ao setor que atua.

c. **Entre indivíduos**: por meio dos indicadores é possível verificar os resultados dos colaboradores, dos parceiros, dos fornecedores e de outros, conforme o caso.

d. **Internas**: é possível comparar diferentes unidades, áreas, entre outros.

Por meio dos indicadores, é possível ter políticas de resultados, gerando participações para funcionários, distribuição para acionistas e outros. Auxilia, ainda, nas tomadas de decisões internas e influencia possíveis investidores ou políticas públicas.

Portanto, os indicadores são relevantes para:

- transparência das instituições;
- tomada de decisões;
- captação de recursos;
- confiabilidade das instituições,
- comparabilidade interna e externa;
- prestar contas para a sociedade.

Os indicadores ampliam a transparência e devem contribuir para a sustentabilidade, ou seja, a melhora social, ambiental e econômico-financeira das instituições e da sociedade; porém, de forma isolada, não garantem a melhoria contínua. A melhoria contínua é efetiva se acompanhados e se houver políticas institucionais.

8.11 NECESSIDADE DE INDICADORES DE NATUREZA SOCIAL, AMBIENTAL E ECONÔMICO-FINANCEIRA

Como é possível observar, os instrumentos de natureza social, ambiental e econômico-financeira, com relatórios de sustentabilidade, nem sempre permitem comparabilidade, logo dificultam análises temporais, comparações com concorrentes ou tomadas de decisão.

Essa dificuldade se deve ao fato de:

- Muitas vezes mudarem os indicadores, os critérios ou as fontes das informações anualmente.
- Terem indicadores diferentes.
- Nem sempre serem auditadas em relação às informações sociais e ambientais ou faltam informações confiáveis.

A flexibilidade dos demonstrativos e a falta de padrões mínimos possibilitam que as instituições divulguem apenas os indicadores que mais interessam serem divulgados pela gestão ou pelos executores.

Portanto, pode ser mantida a flexibilidade para se elaborar indicadores, mas há a necessidade da criação futura de indicadores mínimos com critérios padronizados, adaptados aos portes das empresas e ao segmento analisado.

8.12 EXERCÍCIOS

1) Em relação ao meio ambiente, **não** é possível afirmar que:
   a) Pode ser chamado apenas de ambiente.
   b) Se transforma constantemente.
   c) As empresas não devem se limitar a se preocuparem apenas com o seu impacto ambiental.
   d) Historicamente, os problemas são sempre os mesmos.
   e) Deve ser uma preocupação das instituições públicas e privadas.

2) Leia as afirmações sobre indicadores e assinale a alternativa correta.
   I. Os indicadores necessitam ser claros; portanto, é necessária a facilidade de compreensão.
   II. Os indicadores não devem ser quantitativos.
   III. É fundamental os indicadores terem uma metodologia.

   a) Apenas a afirmação I está correta.
   b) Apenas as afirmações I e II estão corretas.
   c) Apenas as afirmações I e III estão corretas.
   d) Apenas as afirmações II e III estão corretas.
   e) Todas as afirmações estão corretas.

3) Sobre os indicadores de desempenho, é possível afirmar que:
   a) Não precisam de formas de mensuração.
   b) Devem possibilitar a análise no tempo, portanto possibilitam realizar comparações.
   c) Não precisam de critério e metodologia.
   d) Devem ser bem sofisticados, para evitar a compreensão de leigos.
   e) Não devem ser divulgados.

4) Leia as afirmações sobre indicadores de desempenho e assinale a alternativa correta.
   I. Possibilitam comparações institucionais.
   II. Podem possibilitar a comparação interna entre indivíduos.
   III. Podem possibilitar a comparação interna entre áreas.
   a) Apenas a afirmação I está correta.
   b) Apenas as afirmações I e II estão corretas.
   c) Apenas as afirmações I e III estão corretas.
   d) Apenas as afirmações II e III estão corretas.
   e) Todas as afirmações estão corretas.

5) Sobre indicadores, é **incorreto** afirmar que:
   a) São relevantes para acompanhamento e controle de aspectos sociais, ambientais e econômico-financeiros.
   b) Podem contribuir para a transparência das instituições.
   c) Devem contribuir para a tomada de decisões e a captação de recursos.
   d) Garantem a melhoria contínua das instituições.
   e) Podem ampliar a confiabilidade das instituições.

6) Leia as afirmações e assinale a alternativa correta.
   I. Os indicadores não devem possibilitar a comparabilidade de dados externos.
   II. Os indicadores devem possibilitar a comparabilidade dos dados internos.
   III. Os indicadores devem contribuir com os aspectos éticos.
   a) Apenas a afirmação I está correta.
   b) Apenas as afirmações I e II estão corretas.
   c) Apenas as afirmações I e III estão corretas.
   d) Apenas as afirmações II e III estão corretas.
   e) Todas as afirmações estão corretas.

7) Os indicadores possibilitam a comparabilidade temporal, ou seja, em períodos diferentes, e entre instituições. Portanto, é fundamental que os demonstrativos tenham padrões mínimos. Hoje não é o que ocorre com os demonstrativos. Com base nessa afirmação, assinale a alternativa correta sobre os indicadores.
   a) Precisam de padrões para possibilitar a análise e a tomada de decisão.
   b) Não devem ter critérios.
   c) Devem mudar o critério anualmente.
   d) Não precisam ser padronizados.
   e) Não devem ser confiáveis.

8) Atividade: indicadores

   Determinada rede de lanchonetes para jovens decidiu utilizar alguns indicadores. Preencha a tabela com o objetivo de ajudá-la. Proponha indicadores, a unidade e a forma de análise.

   Observe que alguns indicadores já foram propostos.

Indicador	Unidade	Forma de análise
Tempo de atendimento		
Perda de alimentos		
Satisfação do cliente		
Quantidade de reclamações		

9) Atividade: comparativo entre os capitais

Pesquise na internet o Relato Integrado de uma empresa e preencha a tabela.

- Quais os indicadores que a empresa utilizou para cada capital?

Empresa:	
Capital	Indicador
Financeiro:	
Manufaturado:	
Intelectual:	
Humano:	
Social e de Relacionamento:	
Natural:	

CAPÍTULO 9

AVALIAÇÃO DE SUSTENTABILIDADE

OBJETIVOS
Este capítulo apresenta certificações e formas de avaliação das empresas com a sustentabilidade.

COMPETÊNCIAS ADQUIRIDAS
- Conhecer os selos verdes, o Índice de Sustentabilidade Empresarial (ISE) e indicadores nacionais.

Em relação à sustentabilidade, há algumas formas de o mercado avaliar o desempenho. Destacamos, neste capítulo, algumas delas.

9.1 EXEMPLOS DE POLÍTICAS SUSTENTÁVEIS

Há várias formas de as empresas desenvolverem políticas sustentáveis permanentes e demonstrarem a preocupação com o meio ambiente. Entre elas, pode-se citar:

9.1.1 Sistema de gerenciamentos de resíduos sólidos ou gestão de logística reversa

Conforme Stock (1998, p. 20): "O termo mais usado frequentemente para se referir ao papel da logística no retorno de produtos, redução na fonte, reciclagem, substituição de materiais, reutilização de materiais, coleta de lixo, reforma, reparação e remanufatura".

O desenvolvimento de políticas de logística reversa possibilita, entre outros, políticas relativas a:

- Retorno ou recuperação de produtos.
- Redução do consumo de matérias-primas.
- Reciclagem, substituição e reutilização de materiais.
- Deposição de resíduos.
- Reparação e refabricação de produtos.

Conforme o Ministério do Meio Ambiente (2014), a logística reversa consiste em:

> [...] instrumento de desenvolvimento econômico e social caracterizado por um conjunto de ações, procedimentos e meios destinados a viabilizar a coleta e a restituição dos resíduos sólidos ao setor empresarial, para reaproveitamento, em seu ciclo ou em outros ciclos produtivos, ou outra destinação.

A Política Nacional de Resíduos Sólidos (PNRS) foi instituída pela Lei nº 12.305, de 02 de agosto de 2010, e regulamentada pelo Decreto nº 10.936, de 12 de janeiro de 2022. A Lei é considerada um avanço para a política de resíduos sólidos e introduz diversos conceitos que são apresentados no glossário final. Entre os conceitos, destacam-se dois:

- **Geradores de resíduos sólidos**: "pessoas físicas ou jurídicas, de direito público ou privado, que geram resíduos sólidos por meio de suas atividades, nelas incluído o consumo" (Lei nº 12.305/2010, art. 3º, inciso XI).

Observe que a Lei considera todas as pessoas físicas ou jurídicas como geradoras de resíduos, o que possibilita às empresas desenvolver políticas internas ou externas de logística reversa.

- **Gerenciamento de resíduos sólidos**: "conjunto de ações exercidas, direta ou indiretamente, nas etapas de coleta, transporte, transbordo, tratamento e destinação final ambientalmente adequada dos resíduos sólidos e disposição final ambientalmente adequada dos rejeitos, de acordo com plano municipal de gestão integrada de resíduos sólidos ou com plano de gerenciamento de resíduos sólidos, exigidos na forma desta Lei" (Lei nº 12.305/2010, art. 3º, inciso XII).

Essa definição demonstra que para fazer a gestão dos resíduos é necessário um sistema de gerenciamento e consiste em um conjunto de ações planejadas, integradas e coordenadas.

As mudanças em relação à logística reversa obrigam a alterações cotidianas dos processos e dos procedimentos. Por exemplo, para as empresas reaproveitarem plástico ou fazerem melhor destino do papelão, necessitam informar seus colaboradores e treinar seus funcionários. Há empresas, inclusive, que até ampliam a sua receita com a logística reversa, além de possibilitarem a geração de emprego e renda para pessoas e empresas de reciclagem.

9.1.2 Certificações ambientais

Atualmente, há diversas certificações ambientais nacionais e internacionais. Entre elas, destacam-se as ecoetiquetas. Segundo Tomé (2008, p. 19):

> A ecoetiqueta normalmente é apresentada em forma de selo, que colado nos produtos ou agregados à marca da empresa, indica que ela e/ou seus produtos e serviços não prejudicam a vida, não degradam o planeta e são aprovados pela população.

Há três tipos de ecoetiquetas:

1. Qualidade técnica

Tem o objetivo de garantir a qualidade dos produtos ou serviços e, conforme afirma Tomé (2008, p. 29), são as certificações que:

> [...] por meio da implantação de sistemas e procedimentos na empresa e no ciclo de vida dos seus produtos ou serviços fazem com que estas alcancem um degrau a mais na excelência como produtores ou prestadores de serviços.

Como exemplo, pode-se citar a ISO 14000.

2. Selos verdes

Os selos verdes atestam os produtos. Conforme o Conselho Nacional de Defesa Ambiental (CNDA), os selos verdes são fornecidos:

> [...] para empresas que comprovam periodicamente, por meio de laudos técnicos, que seus ciclos de vida são amigáveis para o planeta e a vida que nele habita. Não podem prejudicar a vida e nem utilizar os recursos naturais de forma desregrada, estão preocupadas com os recursos renováveis e obedecem às exigências e consensos internacionais que tratam do socioambiental.

Os rótulos ou selos verdes são atribuídos por demonstrar credibilidade ambiental em relação aos produtos ou processos. A seguir, alguns selos verdes:

a. **LEED (*Leadership in Energy and Environmental Design*)**: segundo o U.S. Green Building Council (USGBC, 2019), consiste em certificação ambiental internacional para edificações. Pode ser utilizada para qualquer edifício, independentemente da região ou do ano em que foi construído. Podem ser prédios históricos ou que ainda estão em fase de projeto; há um LEED para cada tipo de projeto de construção. Observe a Figura 9.1.

FIGURA 9.1 Selo LEED.
Fonte: USGBC (2019).

b. **Rótulo Ecológico ABNT**: conforme a Associação Brasileira de Normas Técnicas (ABNT, 2019), o Rótulo Ecológico ABNT, que aparece na Figura 9.2, consiste em um selo que busca garantir que o produto da empresa tem menor impacto ambiental do que seu similar que não tem o rótulo. Também objetiva mostrar ao mercado que a empresa se preocupa com o impacto ambiental, ou seja, com as próximas gerações, pois promove a preservação do meio ambiente. Esse rótulo é regulamentado pela norma NBR ISO 14024; no Brasil, é representado pela ABNT. Esse rótulo aplica-se a qualquer empresa do setor industrial.

FIGURA 9.2 Rótulo Ecológico ABNT.
Fonte: ABNT.

c. **RGMAT:** selo ambiental, apresentado na Figura 9.3, que foi desenvolvido pela Fundação Vanzolini e lançado em 2012 com o objetivo de avaliar o desempenho ambiental de materiais, especialmente para a construção civil.

Conforme o Portal Vanzolini (2019):

> O RGMAT é uma certificação que engloba o conceito de Selo e de Declaração Ambiental. O objetivo é proporcionar informações relevantes, verificadas e comparáveis sobre os aspectos ambientais, de conforto e de saúde dos produtos e materiais da construção.
>
> Serve para:
> - os fabricantes demonstrarem o desempenho ambiental de seus produtos;
> - os empreendedores e projetistas escolherem os produtos ambientalmente melhores;
> - os lojistas e consumidores identificarem os produtos mais sustentáveis.

FIGURA 9.3 Selo RGMAT.
Fonte: Portal Vanzolini (2018).

No Brasil, a ABNT criou o Rótulo Ecológico. Conforme o *site* da ABNT (2014), o Rótulo Ecológico ABNT (ver Figura 9.2) é um Programa de rotulagem ambiental (*Ecolabelling*) e consiste em uma metodologia voluntária de certificação e rotulagem de desempenho ambiental de produtos ou serviços que vem sendo praticada ao redor do mundo. A ABNT destaca que a obtenção do Rótulo auxilia o consumidor na escolha de produtos menos agressivos, além de consistir em marketing institucional.

A ABNT (2014) afirma ainda que:

> Em contraste com outros símbolos "verdes" ou declarações feitas por fabricantes ou fornecedores de serviços, um rótulo ambiental é concedido por uma entidade de terceira parte, de forma imparcial, para determinados produtos ou serviços que são avaliados com base em critérios múltiplos previamente definidos.

A obtenção do Rótulo Ecológico, segundo a ABNT (2014), possibilita os seguintes benefícios:

- Garante que o produto/serviço da empresa tem menor impacto ambiental do que seu similar, que não possui o rótulo.
- Garante ao mercado que a empresa está preocupada com as próximas gerações.
- Auxilia na preservação do meio ambiente.
- Reduz desperdícios, por meio da reciclagem.
- Aumenta a receita, com a venda de refugos para reciclagem.
- Possibilita maior visibilidade da empresa no mercado.
- Diferencia o produto no mercado.
- Aumenta as possibilidades de exportação.

> Para conhecer mais sobre o Rótulo Ecológico, acesse o *site* da ABNT:
>
> https://www.abnt.org.br/. Acesso em: 16 maio 2023.

3. Ecoetiqueta institucional

Conforme o CNDA (2014), a ecoetiqueta institucional, diferentemente do selo verde, que atesta a qualidade de produtos e serviços, é uma referência para a empresa de uma forma geral.

O CNDA, em relação às ecoetiquetas institucionais, afirma que:

> [...] premiam esforços de ajustamento de conduta e participações em campanhas que apoiam movimentos socioambientais, são instrumentos importantes do mercado verde. Por exemplo: Selo de empresa amiga do meio ambiente, amigo do paciente etc., seguem os mesmos princípios do selo verde. Entretanto, nesse caso, considerando a vontade do ajustamento de conduta, o apoio a serviços, projetos e programas socioambientais, os esforços para a adequação e a influência benéfica sobre terceiros, os requisitos exigíveis são mais brandos do que os necessários para se receber a outorga do selo verde.

São exemplos de ecoetiquetas: Selo Empresa Amiga do Meio Ambiente e Laboratório Amigo do Paciente.

9.2 ÍNDICE DE SUSTENTABILIDADE EMPRESARIAL

Conforme a B3, o Índice de Sustentabilidade Empresarial (ISE) busca criar um ambiente de investimento compatível com as demandas de desenvolvimento sustentável da sociedade contemporânea e estimular a responsabilidade ética das corporações.

> Ainda segundo a B3, o ISE é uma ferramenta para análise comparativa da *performance* das empresas listadas na B3 sob o aspecto da sustentabilidade corporativa, baseada em eficiência econômica, equilíbrio ambiental, justiça social e governança corporativa. Também amplia o entendimento sobre empresas e grupos comprometidos com a sustentabilidade, diferenciando-os em termos de qualidade, nível de compromisso com o desenvolvimento sustentável, equidade, transparência e prestação de contas, natureza do produto, além do desempenho empresarial nas dimensões econômico-financeira, social, ambiental e de mudanças climáticas.

As empresas interessadas em participar do índice necessitam responder questionários que possibilitam a avaliação, e conforme os resultados, elas participam da carteira de organizações.

O Conselho Deliberativo do ISE, órgão máximo de governança do ISE, tem como missão garantir um processo transparente de construção do índice e de seleção das empresas.

As dimensões avaliadas pelo ISE são:

- Ambiental;
- Econômico-financeira;
- Geral;

- Governança Corporativa;
- Mudança do clima;
- Natureza do produto;
- Social.

> **SAIBA MAIS**
>
> Veja sobre o ISE no site: https://www.iseb3.com.br. Acesso em: 16 maio 2023.

9.3 INDICADORES AMBIENTAIS NACIONAIS

O Governo Federal, por meio do Ministério do Meio Ambiente (MMA), também possui Indicadores Ambientais Nacionais. Conforme o MMA (2014):

> Indicadores são informações quantificadas, de cunho científico, de fácil compreensão e usadas nos processos de decisão em todos os níveis da sociedade, úteis como ferramentas de avaliação de determinados fenômenos, apresentando suas tendências e progressos que se alteram ao longo do tempo. Permitem a simplificação do número de informações para se lidar com uma dada realidade por representar uma medida que ilustra e comunica um conjunto de fenômenos que levem a redução de investimentos em tempo e recursos financeiros. Indicadores ambientais são estatísticas selecionadas que representam ou resumem alguns aspectos do estado do meio ambiente, dos recursos naturais e de atividades humanas relacionadas.

9.4 EXERCÍCIOS

1) Leia as afirmações e assinale a alternativa correta.
    - **I.** Os rótulos verdes são para demonstrar que um produto é de alto valor.
    - **II.** Selos ou rótulos verdes são ferramentas fornecidas pelo governo federal.
    - **III.** Selos verdes são atribuídos por demonstrar credibilidade ambiental em relação aos produtos ou processos.
    - a) Apenas a afirmação I está correta.
    - b) Apenas a afirmação II está correta.
    - c) Apenas a afirmação III está correta.
    - d) Apenas as afirmações I e III estão corretas.
    - e) Apenas as afirmações II e III estão corretas.

CAPÍTULO 9 • AVALIAÇÃO DE SUSTENTABILIDADE 79

2) Leia as afirmações sobre a *Leadership in Energy and Environmental Design* (LEED) e assinale a alternativa correta.
    I. Consiste em certificação ambiental internacional para edificações.
    II. É uma certificação social para área pública.
    III. É uma certificação para as indústrias químicas.
    a) Apenas a afirmação I está correta.
    b) Apenas as afirmações I e II estão corretas.
    c) Apenas as afirmações I e III estão corretas.
    d) Apenas as afirmações II e III estão corretas.
    e) Todas as afirmações estão corretas.

3) Leia as afirmações sobre o Rótulo Ecológico ABNT e assinale a alternativa correta.
    I. Consiste em um selo que busca garantir que o produto da empresa tem menor impacto ambiental do que seu similar que não tem o rótulo.
    II. Objetiva mostrar ao mercado que a empresa se preocupa com o impacto ambiental.
    III. Aplica-se a qualquer empresa do setor industrial.
    a) Apenas a afirmação I está correta.
    b) Apenas as afirmações I e II estão corretas.
    c) Apenas as afirmações I e III estão corretas.
    d) Apenas as afirmações II e III estão corretas.
    e) Todas as afirmações estão corretas.

4) Leia as afirmações sobre o RGMAT e assinale a alternativa correta.
    I. É um selo que garante que a empresa está bem financeiramente.
    II. O objetivo é proporcionar informações de produtos e materiais, especialmente para a construção civil.
    III. É um selo ambiental que foi desenvolvido pela Fundação Vanzolini.
    a) Apenas a afirmação I está correta.
    b) Apenas as afirmações I e II estão corretas.
    c) Apenas as afirmações I e III estão corretas.
    d) Apenas as afirmações II e III estão corretas.
    e) Todas as afirmações estão corretas.

5) Assinale a afirmação **falsa** em relação ao RGMAT.
    a) Proporcionar informações relevantes, verificadas e comparáveis sobre os aspectos ambientais, de conforto e de saúde.
    b) Objetiva analisar processos, a fim de garantir que a matéria-prima utilizada é nacional.
    c) Para obter o RGMAT, os fabricantes precisam demonstrar o desempenho ambiental de seus produtos.
    d) Por meio do RGMAT, os empreendedores e projetistas demonstram escolher ambientalmente os melhores produtos.
    e) Os lojistas e consumidores necessitam identificar os produtos mais sustentáveis.

6) Qual o principal objetivo do Índice de Sustentabilidade Empresarial (ISE)?
    a) Criar um ambiente de investimento compatível com as demandas de desenvolvimento sustentável da sociedade contemporânea e estimular a responsabilidade ética das corporações.

b) Fazer um *ranking* das empresas que mais colaboram com os aspectos sociais e ambientais.
c) Promover as empresas.
d) Contribuir para a divulgação das ações sociais e ambientais das empresas.
e) Difundir as ações éticas corporativas.

7) O ISE consiste em:
   a) Uma ferramenta para divulgação das ações de sustentabilidade corporativa, baseada em eficiência econômica, equilíbrio ambiental, justiça social e governança corporativa de todas as empresas nacionais.
   b) Uma ferramenta para análise comparativa da *performance* das empresas públicas, no aspecto da sustentabilidade corporativa, baseada em eficiência econômica, equilíbrio ambiental, justiça social e governança corporativa.
   c) Uma ferramenta para análise comparativa da *performance* das empresas listadas na B3, sob o aspecto financeiro.
   d) Uma ferramenta de marketing das empresas listadas na B3 sob o aspecto da sustentabilidade corporativa, baseada nas ações sociais.
   e) Uma ferramenta para análise comparativa da *performance* das empresas listadas na B3 sob o aspecto da sustentabilidade corporativa, baseada em eficiência econômica, equilíbrio ambiental, justiça social e governança corporativa.

8) Segundo o Ministério do Meio Ambiente (MMA), é possível afirmar sobre os indicadores, **exceto**:
   a) São informações quantificadas, de cunho científico, de fácil compreensão usadas nos processos de decisão em todos os níveis da sociedade.
   b) São úteis como ferramentas de avaliação de determinados fenômenos, apresentando suas tendências e progressos que se alteram ao longo do tempo.
   c) São subjetivos, não refletem tendências e não podem ser utilizados como apoio para tomada de decisão.
   d) Permitem a simplificação do número de informações para se lidar com uma dada realidade por representar uma medida que ilustra e comunica um conjunto de fenômenos que levem à redução de investimentos em tempo e recursos financeiros.
   e) Indicadores ambientais são estatísticas selecionadas que representam ou resumem alguns aspectos do estado do meio ambiente, dos recursos naturais e das atividades humanas relacionadas.

9) Estudo de Caso[1] – Empresa do segmento bancário

   O Itaú Unibanco Holding S.A. (pelo 15º ano consecutivo) têm a satisfação de comunicar que foi novamente selecionado para compor a carteira do Índice de Sustentabilidade Empresarial (ISE) da B3 para 2020.

   A nova carteira reúne 36 ações de 30 companhias, representando 15 setores que somam R$ 1,64 trilhão em valor de mercado, o equivalente a 37,62% do valor de mercado total das companhias com ações negociadas na B3 (em 26/11/2019). Esta nova carteira vigorará de 06 de janeiro de 2020 a 01 de janeiro de 2021.

---

[1] Fonte: Itaú Unibanco compõe novamente o Índice de Sustentabilidade Empresarial da B3 (ISE). Disponível em: https://www.rad.cvm.gov.br/ENET/frmDownloadDocumento.aspx?Tela=ext&numProtocolo=723912&descTipo=IPE&CodigoInstituicao=1. Acesso em: 22 abr. 2023.

CAPÍTULO 9 • AVALIAÇÃO DE SUSTENTABILIDADE **81**

Criado em 2005 pela B3 em parceria com a FGV EAESP, o Índice de Sustentabilidade Empresarial (ISE) reflete o retorno de uma carteira composta por ações de empresas com os melhores desempenhos em todas as dimensões que medem sustentabilidade empresarial.

Seus objetivos são: funcionar como uma referência para o investimento socialmente responsável e atuar como indutor de boas práticas no meio empresarial brasileiro.

A participação no ISE reflete o compromisso de longo prazo do Itaú Unibanco com a conduta ética dos negócios, governança corporativa e responsabilidade social, cultural e ambiental.

Com base no texto, responda.

- Como o ISE pode contribuir com o Itaú?

PARTE III

GOVERNANÇA CORPORATIVA

OBJETIVOS
- Conhecer as políticas e os objetivos das atividades de *compliance*.
- Refletir sobre as tendências da Governança Corporativa.

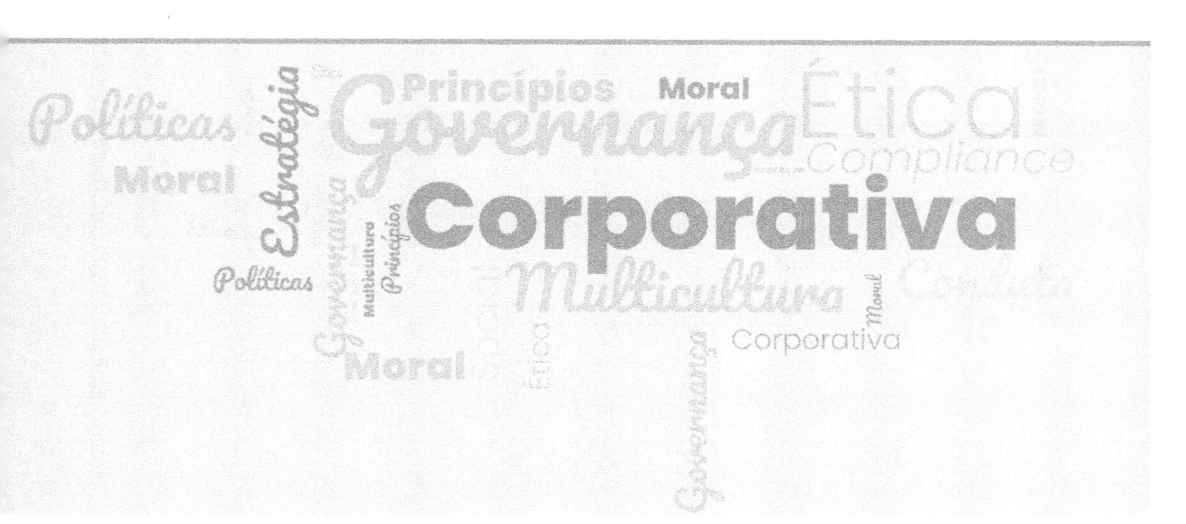

CAPÍTULO 10

CONCEITO E MODELO DE GOVERNANÇA CORPORATIVA

OBJETIVOS
Neste capítulo, abordamos o conceito e os princípios de Governança Corporativa e apresentamos uma proposta de Governança que atende às micro e pequenas empresas, considerando que elas têm menos capital e menor estrutura para implantação das diretrizes completas.

COMPETÊNCIAS ADQUIRIDAS
- Compreender e conhecer o conceito e os princípios de Governança Corporativa.
- Conhecer uma Proposta de Governança Corporativa para micro e pequenas empresas.

O conceito de Governança Corporativa está diretamente relacionado à Ética Empresarial.

10.1 CONCEITO DE GOVERNANÇA CORPORATIVA

A Governança Corporativa consiste em um conjunto sistêmico de processos, práticas e normas que regulam uma empresa com o objetivo de garantir a Ética, transparência e gestão.

Conforme o Instituto Brasileiro de Governança Corporativa (IBGC, 2015):

> **Governança Corporativa** é o **sistema** pelo qual as empresas e demais organizações são dirigidas, monitoradas e incentivadas, envolvendo os **relacionamentos** entre sócios, conselho de administração, diretoria, órgãos de fiscalização e controle e demais partes interessadas. As boas práticas de governança corporativa **convertem princípios básicos em recomendações** objetivas, alinhando interesses com a finalidade de preservar e otimizar o valor econômico de longo prazo da organização, facilitando seu acesso a recursos e contribuindo para a qualidade da gestão da organização, sua longevidade e o bem comum.

Destaca-se que é importante compreender os seguintes conceitos:

- **Sistema**: conjunto de vários elementos inter-relacionados que compõem um todo. As ferramentas de gestão e controle são utilizadas para dirigir ou monitorar, possibilitando uma visão sistêmica. Portanto, a visão sistêmica aborda os ambientes interno e externo e os recursos humanos, materiais, ambientais, mercadológicos, tecnológicos, de capital, entre outros.

- **Relacionamento**: ou seja, estabelecer relação. Mas, relação entre quem? Entre os diversos agentes envolvidos.

10.2 ESTRUTURA DA GOVERNANÇA CORPORATIVA

Um dos aspectos relevantes para estruturar uma gestão com sistema de governança é a estrutura da empresa. Uma empresa com estrutura pode conter:

- Conselho de Administração;
- Conselho Consultivo;
- Comitês do Conselho de Administração;
- Políticas de Gestão e Controles Internos;
- Auditoria Independente;
- Conselho Fiscal.

Observa-se que a nomenclatura dos órgãos dessa estrutura, assim como a sua formação, pode variar conforme o tipo de empresa e as suas necessidades, porém deve assegurar a governança, ou seja, o controle, a transparência, a Ética e a responsabilidade social.

10.3 PRINCÍPIOS BÁSICOS DE GOVERNANÇA CORPORATIVA

Ao planejar e construir a estrutura e as políticas de Governança Corporativa de uma empresa é fundamental se basear em princípios. Portanto, o Código das Melhores Práticas de Governança Corporativa do IBGC (2015) apresenta os princípios da governança. Tais princípios permeiam, em maior ou menor grau, todas as práticas previstas no Código, e sua adequada adoção busca um clima de confiança, tanto internamente quanto nas relações com terceiros.

Os princípios descritos conforme o IBGC (2015) são:

> **Transparência**: consiste no desejo de disponibilizar para as partes interessadas as informações que sejam de seu interesse e não apenas aquelas impostas por disposições de leis ou regulamentos. Não deve restringir-se ao desempenho econômico-financeiro, contemplando também os demais fatores (inclusive intangíveis) que norteiam a ação gerencial e que conduzem à preservação e à otimização do valor da organização.

Essa transparência é observada em diversos instrumentos e canais, desde a construção do código de conduta, na elaboração e divulgação dos relatórios de sustentabilidade, dos Relatos Integrados e dos demonstrativos contábeis e financeiros. Pode, ainda, ser observada em outros momentos como forma de comunicação com os investidores, com o mercado externo e nas práticas cotidianas de comunicação e de elaboração e implantação de políticas e práticas.

> **Equidade**: caracteriza-se pelo tratamento justo e isonômico de todos os sócios e demais partes interessadas (*stakeholders*), considerando seus direitos, deveres, necessidades, interesses e expectativas.

A isonomia consiste no princípio geral do direito que garante igualdade perante a lei, não devendo existir distinção entre pessoas que se encontram na mesma situação, ou seja, considerando-se as diferenças. A Governança, no caso, contribui para assegurar políticas institucionais que garantam justiça e isonomia.

Prestação de contas (*accountability*): os agentes de governança devem prestar contas de sua atuação de modo claro, conciso, compreensível e tempestivo, assumindo integralmente as consequências de seus atos e omissões e atuando com diligência e responsabilidade no âmbito dos seus papéis.

A prestação de contas, assim como a transparência, é demonstrada, principalmente, pelos instrumentos de comunicação com o mercado, que podem ser: sociais, ambientais ou econômico-financeiros.

Responsabilidade corporativa: os agentes de governança devem zelar pela viabilidade econômico-financeira das organizações, reduzir as externalidades negativas de seus negócios e suas operações e aumentar as positivas, levando em consideração, no seu modelo de negócios, os diversos capitais (financeiro, manufaturado, intelectual, humano, social, ambiental, reputacional etc.) no curto, médio e longo prazos.

A responsabilidade corporativa está relacionada com a sustentabilidade, porque as instituições necessitam de planejamento, acompanhamento e controle a fim de garantir os aspectos sociais, ambientais e financeiros, assegurando a continuidade dos negócios e contribuindo para as sociedades futuras.

10.4 EXERCÍCIOS

1) Leia as afirmações sobre Governança Corporativa e assinale a alternativa correta.
    I. Consiste em um conjunto sistêmico de processos, práticas e normas que regulam uma empresa com o objetivo de garantir a Ética, transparência e gestão.
    II. Sistema pelo qual as empresas e as demais organizações são dirigidas, monitoradas e incentivadas, envolvendo os relacionamentos entre sócios, conselho de administração, diretoria, órgãos de fiscalização e controle e demais partes interessadas.
    III. As boas práticas de Governança Corporativa convertem princípios básicos em recomendações objetivas, alinhando interesses com a finalidade de preservar e otimizar o valor econômico de longo prazo da organização, facilitando seu acesso a recursos e contribuindo para a qualidade de gestão da organização, sua longevidade e o bem comum.
    a) Apenas a afirmação I está correta.
    b) Apenas as afirmações I e II estão corretas.
    c) Apenas as afirmações I e III estão corretas.
    d) Apenas as afirmações II e III estão corretas.
    e) Todas as afirmações estão corretas.

2) Qual é o conceito de sistema?
    a) Conjunto de vários elementos inter-relacionados que compõem um todo. As ferramentas de gestão, se utilizadas para dirigir ou monitorar, trazem a concepção sistêmica.
    b) Conjunto de elementos não relacionados. São ferramentas para gestão, acompanhamento e controle.
    c) Conjunto de vários indivíduos que compõem uma sociedade.
    d) Conjunto tecnológico utilizado para dirigir ou monitorar uma sociedade.
    e) Conjunto social, que pode ser uma associação, uma entidade ou um país.

3) Conforme citado, um dos aspectos relevantes para estruturar uma gestão com sistema de governança é a estrutura da empresa. São componentes de uma estrutura institucional que auxiliam na garantia da governança:
   a) Presidente, Vice-Presidente, Diretores e Gerentes.
   b) Diretor Financeiro e Diretor de Marketing.
   c) Conselhos, comitês, políticas de gestão e auditoria independente.
   d) Jornal institucional e assessoria de imprensa.
   e) Projetos sociais e ambientais.

4) São princípios de Governança, segundo o IBGC, **exceto**:
   a) Prestação de contas (*accountability*).
   b) Normatização.
   c) Responsabilidade corporativa.
   d) Transparência.
   e) Equidade.

5) Assinale a alternativa que melhor representa o conceito de transparência para a Governança Corporativa, segundo o IBGC.
   a) Consiste em divulgar todas as informações, independentemente da relevância.
   b) Representa divulgar informações relevantes para a área de marketing e para a estratégia da empresa.
   c) Consiste na elaboração e divulgação dos demonstrativos contábeis obrigatórios.
   d) É o desejo de disponibilizar para as partes interessadas as informações que sejam de seu interesse e não apenas aquelas impostas por disposições de leis ou regulamentos.
   e) Restringe-se a divulgar o desempenho econômico-financeiro.

6) Assinale a alternativa que melhor representa o conceito de equidade para a Governança Corporativa, segundo o IBGC.
   a) Caracteriza-se pelo tratamento justo e isonômico de todos os sócios e demais partes interessadas (*stakeholders*), levando em consideração seus direitos, deveres, necessidades, interesses e expectativas.
   b) Consiste no tratamento igual para todos.
   c) É o tratamento conforme o nível hierárquico do profissional.
   d) Caracteriza-se pelo tratamento justo e isonômico dos sócios, levando em consideração seus direitos, deveres, necessidades, interesses e expectativas.
   e) Caracteriza-se pelo tratamento justo e isonômico dos clientes, levando em consideração seus direitos, deveres, necessidades, interesses e expectativas.

7) Assinale a alternativa que melhor representa o conceito de isonomia.
   a) Tratamento igual para todos.
   b) Igualdade considerando-se as diferenças entre as pessoas.
   c) Tratamento igual entre pessoas de mesmo nível hierárquico.
   d) A instituição definir o tratamento que considera ideal para cada pessoa.
   e) Tratamento igual para todos os sócios.

CAPÍTULO 10 • CONCEITO E MODELO DE GOVERNANÇA CORPORATIVA **89**

8) Assinale a alternativa que melhor representa o conceito de *accountability* para a Governança Corporativa, segundo o IBGC.

    a) Prestação de contas de forma complexa para os gestores, assumindo integralmente as consequências de seus atos e omissões e atuando com diligência e responsabilidade no âmbito dos seus papéis.
    b) Não prestação de contas, mantendo os dados das instituições apenas internos.
    c) Justiça social e equidade.
    d) Prestação de contas de forma clara, concisa, compreensível e tempestiva, assumindo integralmente as consequências de seus atos e omissões e atuando com diligência e responsabilidade no âmbito dos seus papéis.
    e) Prestação de contas de simples e apenas com as informações principais.

9) Sobre o conceito de Responsabilidade Corporativa, é possível afirmar que:

    a) Está relacionada com a responsabilidade jurídica, portanto basta atender à legislação.
    b) Relaciona-se à Moral; logo, se atender aos aspectos morais, significa que a instituição atende a esse princípio.
    c) Está relacionada com a sustentabilidade, porque as instituições necessitam de planejamento, acompanhamento e controle a fim de garantir os aspectos sociais, ambientais e financeiros, pois devem assegurar a continuidade dos negócios e contribuir para as sociedades futuras.
    d) Deve ser buscada apenas por instituições públicas e religiosas.
    e) Está relacionada com os aspectos contábeis, portanto basta atender à legislação contábil.

10) Estudo de Caso – Governança Corporativa em empresa do segmento de centrais elétricas

    A Governança Corporativa numa central elétrica de economia mista de capital fechado, tem em seu modelo de gestão as boas práticas de Governança Corporativa, de acordo com os princípios indicados pelo IBGC.

    Essa empresa possui cinco comitês que trabalham com questões que visam à sustentabilidade do negócio, tanto na dimensão econômica quanto nas dimensões social e ambiental, refletindo o princípio da responsabilidade corporativa.

    Ela divulga três relatórios anuais, de gestão, de administração e de responsabilidade socioambiental, substitutos do balanço social, e as demonstrações financeiras.

    Esse procedimento tem como objetivo comunicar e divulgar as informações relacionadas à Governança Corporativa para as partes interessadas. Assim, procura ser transparente nos aspectos legais, como também possui canais abertos de comunicação, a ouvidoria, e a preocupação em ter um diálogo aberto com seu público interno.

    A companhia tem um colegiado, definido pela Lei nº 6.404/76, referente a Sociedades por Ações, composta de: assembleia geral dos acionistas, conselho fiscal, conselho de administração e diretoria executiva, que decidem e fiscalizam seus negócios.

    Na hierarquia, sua auditoria interna encontra-se no mesmo nível do comitê de sustentabilidade empresarial, e todos os órgãos têm sua função claramente definida, tendo uma Coordenadoria de Gestão dos Processos e Riscos, além da auditoria independente.

    Em sua conduta ética, a empresa adota o princípio da equidade; mesmo em estrutura formal, observa-se um comitê destinado a promover a igualdade de raça e gênero.

A empresa investe na transparência de suas informações, cuida dos interesses dos *stakeholders*, preocupa-se com a satisfação dos seus clientes e investe em boas práticas de Governança Corporativa.

Com base no texto, responda.

- Quais princípios do IBGC a referida empresa apresenta no texto? Justifique sua resposta.

CAPÍTULO 11

O FUTURO DA GOVERNANÇA CORPORATIVA E DAS POLÍTICAS ÉTICAS

OBJETIVOS
Este capítulo apresenta perspectivas para a Governança Corporativa considerando as tendências que podem ser observadas no mercado.

COMPETÊNCIAS ADQUIRIDAS
- Compreender possibilidades para o futuro a fim de aumentar a competitividade profissional e transformar as tendências em oportunidades, sempre com Ética.

O desenvolvimento e o aprimoramento contínuo das Políticas Éticas das Instituições são uma necessidade atual e futura, portanto uma tendência. Com base nessa afirmação, é possível deduzir algumas tendências mundiais para a Governança Corporativa, que serão apresentadas a seguir:

11.1 TENDÊNCIA 1: DESENVOLVIMENTO DAS POLÍTICAS GERAIS DE GOVERNANÇA, ASSIM COMO DE SEUS INSTRUMENTOS DE ACOMPANHAMENTO E CONTROLE

No mundo, há uma tendência e necessidade da regulação do mercado a fim de:

- melhorar a qualidade da informação;
- assegurar a confiabilidade das relações comerciais e profissionais;
- garantir a implantação das políticas éticas;
- aumentar a confiabilidade nos investimentos;
- ampliar a transparência das instituições.

Considerando essa realidade, a elaboração e a implantação de políticas gerais de governança tendem a se consolidar.

O Brasil precisa continuar esse processo de mudança, acompanhando a tendência mundial.

11.2 TENDÊNCIA 2: APERFEIÇOAMENTO DAS INSTITUIÇÕES QUE PERCEBEM A NECESSIDADE DA IMPLANTAÇÃO DESSAS POLÍTICAS DE GOVERNANÇA CORPORATIVA

Há uma percepção das instituições em adotar e desenvolver políticas éticas; portanto, é previsível o aperfeiçoamento dos processos e das políticas.

Empresas que têm origem em países em desenvolvimento ou do terceiro mundo, principalmente se desejam atuar no mercado global, necessitam de políticas éticas claras, planejadas, bem estruturadas e implantadas, pois são muito mais cobradas pelos investidores.

Portanto, instituições brasileiras devem desenvolver essas políticas se pretendem competir ou continuar competindo no mercado globalizado.

11.3 TENDÊNCIA 3: SURGIMENTO DE NOVOS INSTRUMENTOS E APERFEIÇOAMENTO DOS ANTIGOS, COMO AS NORMAS INTERNACIONAIS DE CONTABILIDADE

Há tendência no surgimento de novos instrumentos que contemplem aspectos sociais, ambientais, socioeconômicos e multiculturais.

Entre os instrumentos, é impossível não citar as Normas Internacionais de Contabilidade, que contribuem diretamente para a Governança Corporativa. As Normas não garantem o processo ético, mas colaboram para a transparência e, consequentemente, com a Ética. Tais Normas são complexas e requerem conhecimento específico de diferentes áreas da empresa, além de atualização frequente.

O Brasil está em um processo contínuo de harmonização das suas Normas Brasileiras de Contabilidade com as Normas Internacionais de Contabilidade. Esse fato é muito relevante, pois aumenta a competitividade das empresas nacionais.

Futuramente, as Normas Internacionais de Contabilidade devem aprimorar instrumentos que abordem aspectos sociais e ambientais. Caso esse fato não ocorra, outras instituições continuarão desenvolvendo novos instrumentos que deverão fornecer maior confiabilidade, padronização e possibilitar a comparabilidade.

11.4 TENDÊNCIA 4: DESENVOLVIMENTO DO RELATO INTEGRADO E DA UTILIZAÇÃO CADA VEZ MAIS COMUM DE INFORMAÇÕES DE SUSTENTABILIDADE E RESPONSABILIDADE SOCIAL, ASSOCIADOS AOS DADOS FINANCEIROS E CONTÁBEIS

Tendência de as instituições privadas desenvolverem continuamente seus instrumentos de transparência em relação aos aspectos sociais, ambientais e econômico-financeiros.

11.5 TENDÊNCIA 5: NECESSIDADE DA TECNOLOGIA DA INFORMAÇÃO PARA GARANTIR O DESENVOLVIMENTO, O CONTROLE, A TRANSPARÊNCIA E, CONSEQUENTEMENTE, A ÉTICA

Para as instituições, são necessários a construção de bancos de dados e informações confiáveis, o acompanhamento e controle institucionais e metas claras.

11.6 TENDÊNCIA 6: TRANSPARÊNCIA NA ÁREA PÚBLICA E NO TERCEIRO SETOR PARA CONTRIBUIR COM A ÉTICA

É fundamental que a transparência se desenvolva em todos os setores, inclusive na área pública e no terceiro setor.

Para isso, é necessário que todas as instituições tenham seus Códigos de Conduta e canais que garantam a transparência e a divulgação de informações sociais, ambientais e econômico-financeiras. Inclusive, há Normas Contábeis do Setor Público que são desenvolvidas e atualizadas, e que necessitam continuar a ser implantadas no Brasil.

11.7 TENDÊNCIA 7: NECESSIDADES DAS POLÍTICAS E PROCEDIMENTOS ÉTICOS PARA A CONSTRUÇÃO DE UMA SOCIEDADE MELHOR

Para a construção de uma sociedade melhor, é necessário:

- Desenvolver políticas éticas corporativas para empresas de todos os portes – microempresas também devem ter política de Governança Corporativa, considerando a sua capacidade estrutural e financeira.
- Desenvolver indicadores mínimos que possibilitem comparar instituições, pois, hoje, os relatórios de sustentabilidade e os Relatos Integrados não têm padrões, dificultando a comparabilidade, a clareza e a transparência.

11.8 TENDÊNCIA 8: DESENVOLVIMENTO DE INSTRUMENTOS DE GOVERNANÇA CORPORATIVA PARA MICRO E PEQUENAS EMPRESAS

As micro e pequenas empresas podem ter o seu Código de Conduta, mas não têm condições de desenvolver uma estrutura de Governança na qual o custo seja inviável. Portanto, é necessário aprimorar alguns instrumentos existentes e aperfeiçoar outros.

11.9 EXERCÍCIOS

1) Sobre o desenvolvimento e o aprimoramento contínuo das Políticas Éticas Institucionais, é possível afirmar que:
    a) São desnecessários.
    b) São necessários para o futuro.
    c) Basta seguirem a legislação.
    d) É uma necessidade atual e futura.
    e) Atualmente, todas as empresas têm essas políticas de forma clara.

2) São tendências da Governança Corporativa e das políticas éticas, **exceto**:
    a) Surgimento de novos instrumentos e de aperfeiçoamento dos antigos, como as Normas Internacionais de Contabilidade.
    b) Menor transparência na área pública e no terceiro setor.

c) A necessidade da tecnologia da informação para garantir o desenvolvimento, o controle, a transparência e, consequentemente, a Ética.
d) Desenvolvimento das políticas gerais de governança, assim como de seus instrumentos de acompanhamento e controle.
e) Aperfeiçoamento das instituições que percebem a necessidade da implantação dessas políticas de Governança Corporativa.

3) Há uma tendência da regulação do mercado que impacta com as mudanças a seguir, **exceto**:
   a) Melhorar a qualidade da informação.
   b) Assegurar a confiabilidade das relações comerciais e profissionais.
   c) Garantir a implantação das políticas éticas e aumentar a confiabilidade nos investimentos.
   d) Ampliar a transparência das instituições.
   e) Evitar a divulgação de informações sobre as instituições.

4) Sobre as instituições que percebem a necessidade da implantação das políticas de Governança Corporativa, é possível afirmar que:
   a) Tendem a aperfeiçoar os seus processos e políticas de Governança Corporativa.
   b) Devem abandonar essa concepção.
   c) Não devem melhorar os seus instrumentos de Governança Corporativa.
   d) Tendem a ser menos transparentes.
   e) Devem piorar seus instrumentos de Governança Corporativa e as suas políticas éticas.

5) Atualmente são tendências, **exceto**:
   a) Desenvolvimento de novos instrumentos que contemplem aspectos sociais, ambientais, socioeconômicos e culturais.
   b) Aperfeiçoamento dos instrumentos existentes.
   c) As políticas de governança não se aperfeiçoarem, pois não há interesse das instituições.
   d) Desenvolvimento de instrumentos ou aperfeiçoamento dos atuais, de modo a contribuir com a comparabilidade.
   e) Inovações na área de Governança Corporativa e os seus instrumentos.

6) Em relação à tecnologia, é possível afirmar que:
   a) Não tem relação com a Governança Corporativa.
   b) Deve estar associada às políticas de Governança.
   c) Não contribui com a melhoria das informações sustentáveis.
   d) Não pode contribuir com a transparência.
   e) É desnecessária para a confiabilidade dos dados.

7) Assinale a afirmação verdadeira.
   a) As políticas de transparência não devem impactar nas instituições públicas.
   b) A transparência é uma característica necessária apenas para as empresas privadas.
   c) O terceiro setor e as instituições públicas tendem a ser impactados pela melhoria contínua da transparência.
   d) As políticas de transparência não devem impactar no terceiro setor.
   e) O Brasil não possui Normas Contábeis do Setor Público.

8) Leia as afirmações sobre Governança Corporativa e assinale a alternativa correta.
   I. Há necessidade de políticas e procedimentos éticos para a construção de uma sociedade melhor.
   II. Microempresas também devem ter política de Governança Corporativa, considerando a sua capacidade estrutural e financeira.
   III. Hoje, os relatórios de sustentabilidade e os Relatos Integrados não têm padrões, dificultando a comparabilidade, a clareza e a transparência.
   a) Apenas a afirmação I está correta.
   b) Apenas as afirmações I e II estão corretas.
   c) Apenas as afirmações I e III estão corretas.
   d) Apenas as afirmações II e III estão corretas.
   e) Todas as afirmações estão corretas.

9) Fórum: transparência

   Você acredita que a transparência das instituições públicas e privadas tem aumentado no Brasil? Comente.

10) Estudo de Caso[1] – Questões éticas e conduta enraizadas nas instituições

    [...] A Lei Anticorrupção brasileira e os efeitos que todos nós conhecemos vêm trazendo um maior escrutínio pela população acerca da importância da conduta corporativa Ética.

    A instituição da responsabilidade objetiva da pessoa jurídica é um divisor de águas na forma das empresas conduzirem seus negócios e pode se tornar um grande problema àquelas que insistirem em ter normas de integridade e de conduta somente como instrumento de propaganda ao investidor e ao mercado.

    Se estruturas sólidas e efetivas de controle não existirem na prática para garantir a integridade e a Ética nas atividades de uma empresa, as penalidades por um ato ilícito poderão abalar a imagem reputacional e a saúde financeira de uma organização, podendo afetar até a sua continuidade, além dos seus próprios administradores e investidores.

    As questões de Ética e conduta precisarão estar enraizadas nos valores da empresa, na visão e atuação dos seus administradores e em cada atividade dos negócios da empresa.

    Um Código de Ética e Conduta que reflita a integridade da empresa e os valores esperados dos seus profissionais, um ambiente de controles internos efetivo, a atuação da auditoria interna, um canal de denúncias que permita a comunicação de qualquer profissional ou de terceiros sobre conduta inadequada de qualquer profissional da empresa e principalmente a atuação do conselho de administração para garantir o cumprimento de toda estrutura e punir a quem não o faz, tudo isso fará parte da estrutura de governança das empresas. [...]

    Com base no texto, responda.

    - É possível que as empresas busquem aperfeiçoar seus processos e políticas de Governança Corporativa? Justifique sua resposta.

---

[1] Fonte: HESS, Cida; BRANDÃO, Mônica. As tendências da Governança Corporativa. *Revista RI – Relações com Investidores*, n. 216, set. 2016. Disponível em: https://www.revistari.com.br/206/1154. Acesso em: 31 jan. 2021.

CAPÍTULO 12

PROPOSTA DE GOVERNANÇA CORPORATIVA PARA MICROENTIDADES E PEQUENAS EMPRESAS

OBJETIVOS
Apresentar uma proposta para empresas menores desenvolverem políticas de Governança Corporativa, tornando-as mais transparentes, éticas e competitivas.

COMPETÊNCIAS ADQUIRIDAS
- Compreender que é possível ter políticas de governança para empresas de todos os portes e saber implementá-las.

Atualmente, não há políticas claras de Governança Corporativa para microentidades e pequenas empresas. É necessário aperfeiçoar e desenvolver instrumentos conforme a realidade estrutural e financeira delas.

Na área contábil há alguns instrumentos obrigatórios, mas que necessitam ser implantados por muitas instituições.

A seguir, apresenta-se uma proposta viável de estrutura de Governança Corporativa para essas empresas, considerando sua capacidade financeira e estrutural.

12.1 CONSTRUÇÃO E IMPLEMENTAÇÃO DE CÓDIGO DE CONDUTA

Construir e implementar um Código de Conduta que atenda aos diferentes níveis da empresa é algo simples, exequível e necessário.

Para a construção, é importante todos os funcionários participarem, ainda que por meio de discussão *on-line* e pelo menos um encontro presencial. Em alguns casos, é conveniente até discutir com profissionais externos, como fornecedores, clientes, membros da sociedade e outros.

Destaca-se que as empresas com esse porte têm a vantagem de ser mais fácil a participação de todos os colaboradores no processo de elaboração e atualização do Código de Conduta.

O Código deve contemplar, ainda, a missão, a visão e os valores, assim como outros aspectos que representem a cultura e a política institucional.

12.2 DEMONSTRAÇÕES OBRIGATÓRIAS

a. Para microentidades

O Conselho Federal de Contabilidade (CFC) aprovou a Norma Brasileira Contábil NBC TG 1002, que dispõe sobre a contabilidade para microentidades. São consideradas microentidades, para fins da Norma, as organizações com finalidade de lucros, com receita bruta de até R$ 4.800.000,00 (quatro milhões e oitocentos mil reais) por ano.

Essa Norma é obrigatória, porém muitas empresas não a cumprem. Ela exige realizar, no mínimo, anualmente:

- balanço patrimonial;
- demonstração do resultado do exercício;
- demonstração dos lucros ou prejuízos acumulados.

Apesar de não serem obrigatórias para as micro e pequenas empresas, a Norma determina que estas empresas sejam incentivadas a elaborar notas explicativas.

> **SAIBA MAIS**
>
> A Norma detalha a composição e outros aspectos das demonstrações.
>
> Conheça a NBC TG 1002, disponível em: https://www2.cfc.org.br/sisweb/sre/detalhes_sre.aspx?Codigo=2021/NBCTG1002&arquivo=NBCTG1002.doc. Acesso em: 19 jan. 2023.

b. Pequenas empresas

Há, também, a NBC TG 1001, que dispõe sobre a contabilidade para pequenas empresas. São consideradas pequenas empresas, para fins dessa Norma, as organizações com finalidade de lucros, com receita bruta acima de R$ 4.800.000,00 (quatro milhões e oitocentos mil reais) por ano, até R$ 78.000.000,00 (setenta e oito milhões de reais) anuais, a partir do ano seguinte.

O conjunto completo de demonstrações contábeis da entidade compreende:

- balanço patrimonial;
- demonstração do resultado do exercício;
- demonstração das mutações do patrimônio líquido;
- demonstração dos fluxos de caixa;
- notas explicativas, compreendendo o resumo das políticas contábeis significativas e outras informações explanatórias.

> **SAIBA MAIS**
>
> Conheça a NBC TG 1001 na íntegra, disponível em: https://www2.cfc.org.br/sisweb/sre/detalhes_sre.aspx?Codigo=2021/NBCTG1001&arquivo=NBCTG1001.doc. Acesso em: 19 jan. 2023.

12.3 ELABORAÇÃO DE INDICADORES MÍNIMOS

Os indicadores mínimos permitem comparabilidade entre períodos diferentes e concorrentes. São fundamentais para verificar se a instituição está obtendo melhores desempenhos.

12.4 ESTRUTURA JURÍDICA DA EMPRESA

Além dos aspectos citados relevantes para a Governança e a Ética, é importante que a documentação e, principalmente, os documentos constitutivos e regulatórios da empresa sejam elaborados em conformidade, garantindo os padrões de Ética e sustentabilidade.

Muitas vezes, as empresas são constituídas sem considerar as relações entre os sócios e as possibilidades futuras, causando problemas éticos e de sustentabilidade na ocorrência de um fato, como a saída de um sócio ou a morte de um herdeiro.

12.5 EXERCÍCIOS

1) Leia as afirmações sobre Governança Corporativa para micro e pequenas empresas e assinale a alternativa correta.
    - **I.** São consolidadas e basta as empresas seguirem.
    - **II.** Atualmente, não há políticas claras de Governança Corporativa para micro e pequenas empresas; é necessário aperfeiçoar e desenvolver instrumentos conforme a realidade estrutural e financeira delas.
    - **III.** Na área contábil, há alguns instrumentos obrigatórios, mas que necessitam ser implantados por muitas instituições.

    a) Apenas a afirmação I está correta.
    b) Apenas as afirmações I e II estão corretas.
    c) Apenas as afirmações I e III estão corretas.
    d) Apenas as afirmações II e III estão corretas.
    e) Todas as afirmações estão corretas.

2) Leia as afirmações sobre a proposta para Governança Corporativa em micro e pequenas empresas e assinale a alternativa **incorreta**, segundo a proposta apresentada neste capítulo.
    a) Construção e implantação do Código de Conduta.

b) Adotar controles apenas financeiros da empresa.
c) Adoção das Normas Brasileiras de Contabilidade, elaborando os demonstrativos obrigatórios.
d) Elaboração de indicadores mínimos de acompanhamento e controle.
e) Preocupação com os aspectos jurídicos constitutivos.

3) Segundo a NBC TG 1002, assinale a alternativa correta.
   I. Exige que as microentidades elaborem as notas explicativas.
   II. Consiste em uma Norma obrigatória para as microentidades.
   III. Obriga as microentidades a elaborarem o balanço patrimonial, a demonstração do resultado do exercício e a demonstração dos lucros ou prejuízos acumulados.

   a) Apenas a afirmação I está correta.
   b) Apenas as afirmações I e II estão corretas.
   c) Apenas as afirmações I e III estão corretas.
   d) Apenas as afirmações II e III estão corretas.
   e) Todas as afirmações estão corretas.

4) Leia as afirmações sobre a NBC TG 1001 e assinale a alternativa correta.
   I. Obriga as pequenas empresas a elaborarem apenas a demonstração dos fluxos de caixa.
   II. Exige que as pequenas empresas elaborem o balanço patrimonial, a demonstração do resultado do exercício, a demonstração das mutações do patrimônio líquido e a demonstração dos fluxos de caixa.
   III. Exige que as pequenas empresas elaborem o balanço patrimonial, a demonstração do resultado do exercício e a demonstração dos lucros ou prejuízos acumulados.

   a) Apenas a afirmação I está correta.
   b) Apenas a afirmação II está correta.
   c) Apenas a afirmação III está correta.
   d) Apenas as afirmações I e III estão corretas.
   e) Apenas as afirmações II e III estão corretas.

5) Fórum: entrevista com um empresário

   Entreviste um empresário sócio de uma microentidade ou pequena empresa e faça as seguintes perguntas:

   a) A empresa possui Código de Conduta?
   b) A empresa elabora o balanço patrimonial da empresa?
   c) A empresa elabora a demonstração do resultado do exercício da empresa?
   d) A empresa elabora as notas explicativas?
   e) Quais demonstrativos contábeis a empresa elabora?

   Apresente as respostas para os colegas e compare.

CAPÍTULO 13

COMPLIANCE

OBJETIVOS
Apresentar noções de *compliance*.

COMPETÊNCIAS ADQUIRIDAS
- Conhecer o conceito de *compliance* e compreender a sua importância para as empresas.

O conceito de *compliance* está cada vez mais difundido e absorvido em algumas instituições, sendo fundamental para as áreas pública e privada. A palavra é originária do verbo *"to comply"* e significa ter ações em conformidade às regras, normas, instruções ou solicitações internas. Observa-se, porém, que também se deve observar aspectos externos, principalmente a legislação vigente.

13.1 ATIVIDADES DE *COMPLIANCE*

A área ou o profissional de *compliance* em uma instituição é responsável pelo cumprimento das normas internas, dos regulamentos, do Código de Conduta, das normas de segurança, das normas relativas aos processos e, consequentemente, da legislação.

Conforme o porte e as características da instituição que busca desenvolver as políticas para acompanhar e controlar o *compliance*, é possível definir a sua estrutura. Por exemplo, para uma grande empresa, recomenda-se um departamento ou setor de *compliance*.

Outro exemplo possível é a diferença conforme o setor, pois uma empresa da área de construção deve ter cuidados diferentes de uma empresa de vendas de produtos eletrônicos – inclusive, a legislação para o *compliance* é divergente. Isso ocorre entre as diversas áreas.

O *compliance* deve preservar a imagem institucional, garantir a Ética, monitorar atividades e prevenir possíveis conflitos.

A área, além de contribuir para a melhoria contínua do cumprimento das normas, evita processos legais.

13.2 FRAUDE E ERRO

No processo de análise, é possível encontrar fraudes ou erros.

Fraudes: Segundo o Committee of Sponsoring Organization (COSO, 2016), a fraude consiste em um ato intencional ou uma omissão, com o objetivo de enganar outras pessoas, a fim de a pessoa sofrer uma perda e/ou o agente da ação obter um ganho. Uma dissimulação.

É importante compreender a diferença entre fraude e erro. Conforme a Norma Brasileira de Contabilidade NBC TI 01 – Da Auditoria Interna:

> O termo **fraude** aplica-se a atos voluntários de omissão e manipulação de transações e operações, adulteração de documentos, registros, relatórios e demonstrações contábeis, tanto em termos físicos quanto monetários.

Por sua vez, a NBC TI 01 – Da Auditoria Interna, destaca:

> O termo **erro** aplica-se a atos involuntários de omissão, desatenção, desconhecimento ou má interpretação de fatos na elaboração de registros e demonstrações contábeis, bem como de transações e operações da Entidade, tanto em termos físicos quanto monetários.

13.3 RISCOS DE *COMPLIANCE*

Os riscos de *compliance* consistem na possibilidade de sanções legais ou de regulação. Tais sanções podem resultar em perdas financeiras, de imagem ou até de selos, como os selos verdes, ou certificações.

Tal fato, muitas vezes, ocorre por falhas, desconhecimento da instituição ou dos gestores, despreparo ou falta de prevenção, como a inexistência de regulamentos internos.

Esses são alguns dos motivos pelos quais a Governança Corporativa, a inovação e o aprendizado contínuo voltados à Ética são fundamentais para as empresas, especialmente no ambiente atual de frequente mudança.

13.4 CUSTOS DO *COMPLIANCE*

Conforme destacam Coimbra e Manzi (2010), os custos da não conformidade podem ser:

- Danos à reputação da instituição, aos funcionários e perda de valor da marca.
- Má alocação de recursos e menores eficiência e inovação.
- Cassação de licença de operação.
- Sanções que podem ser administrativas, pecuniárias ou criminais às organizações e aos indivíduos.
- Custos secundários e não previstos, como advogados, tempo da alta gerência, entre outros – dos quais é possível citar a desmotivação da equipe, conflitos e insegurança.

Pode-se, também, citar outros aspectos, como: desmotivação da equipe, conflitos ou insegurança. Portanto, o *compliance* pode contribuir para prevenir fraudes ou evitar erros, melhorando o desempenho empresarial.

13.5 INSTRUMENTOS E DOCUMENTOS DE *COMPLIANCE*

Para garantir o *compliance* são necessários documentos internos, como:

- Códigos de Conduta.
- Termos que podem ser de: Responsabilidade, Uso de Políticas de Responsabilidade Social e Ambiental, Confidencialidade, entre outros.
- Políticas de segurança.
- Normas e regulamentos internos.

13.6 LEGISLAÇÃO E NORMAS

A legislação e as normas são complexas e variam conforme a instituição. A seguir apresentam-se as mais relevantes:

- Lei nº 12.846/2013 – Lei Anticorrupção Brasileira.
- Lei nº 10.406/2002 – Código Civil.
- Lei nº 12.529/2011 – Estrutura o Sistema Brasileiro de Defesa da Concorrência; dispõe sobre a prevenção e repressão às infrações contra a ordem econômica.
- Lei nº 13.146/2015 – Lei do Desenvolvimento e Inclusão Social.
- A Legislação Contábil e as Normas Brasileiras de Contabilidade.
- Código de Melhores Práticas de Governança Corporativa do Instituto Brasileiro de Governança Corporativa (IBGC).
- Instruções Normativas da Receita Federal Brasileira e da Comissão de Valores Mobiliários (CVM).
- Instruções, regulamentos, normas, legislações específicas e demais documentos setoriais regulados por IBAM, ANS, MEC e outros.
- Padrão PMBOK (Project Management Body of Knowledge).
- Normas Técnicas ABNT NBR.
- ISO 19600, ISO 37001 e outras normas de qualidade.
- Outras normas internacionais.

13.7 *COMPLIANCE* E CONTROLE INTERNO

Conforme o COSO, controle interno consiste no processo conduzido por determinada estrutura de governança, administração e outros profissionais da organização e desenvolvido a fim de proporcionar segurança razoável com respeito à realização dos objetivos relacionados às operações, à divulgação e à conformidade. COSO é um comitê que partiu da iniciativa do setor privado norte-americano, patrocinado e financiado por: American Accounting Association (AAA); American Institute of Certified Public Accountants (AICPA); Financial Executives International (FEI); Institute of Management Accountants (IMA); e The Institute of Internal Auditor (IIA).

13.8 EXERCÍCIOS

1) Leia as afirmações sobre *compliance* e assinale a alternativa correta.

   I. A palavra é originária do verbo "*to comply*" e significa ter ações em conformidade às regras, normas, instruções ou solicitações internas.
   II. Para uma empresa obter *compliance*, ela não necessita observar aspectos externos, principalmente a legislação vigente.
   III. O conceito de *compliance* está cada vez menos difundido e absorvido pelas instituições públicas e privadas.

   a) Apenas a afirmação I está correta.
   b) Apenas as afirmações I e II estão corretas.
   c) Apenas as afirmações I e III estão corretas.

d) Apenas as afirmações II e III estão corretas.
e) Todas as afirmações estão corretas.

2) Leia as afirmações sobre as políticas de *compliance* e assinale a alternativa correta.

   I. A área ou o profissional de *compliance* em uma instituição é responsável pelo cumprimento das normas internas, dos regulamentos, do Código de Conduta, das normas de segurança, das normas relativas aos processos e, consequentemente, da legislação.
   II. A estrutura de *compliance* deve ser definida conforme a realidade e o porte da empresa.
   III. As políticas de *compliance* das empresas devem ser iguais, independentemente do setor econômico em que atuam.

   a) Apenas a afirmação I está correta.
   b) Apenas as afirmações I e II estão corretas.
   c) Apenas as afirmações I e III estão corretas.
   d) Apenas as afirmações II e III estão corretas.
   e) Todas as afirmações estão corretas.

3) Assinale a alternativa **falsa**.

   a) Fraudes consistem em atos intencionais ou omissões, com o objetivo de enganar outras pessoas, a fim de a pessoa sofrer uma perda e/ou o agente da ação obter um ganho.
   b) Atos involuntários de omissão, desatenção, desconhecimento ou má interpretação de transações e operações da entidade, tanto em termos físicos quanto monetários, são erros.
   c) Fraudes são atos voluntários de omissão e manipulação de transações e operações, adulteração de documentos, registros, relatórios e demonstrações contábeis, tanto em termos físicos quanto monetários.
   d) Erros podem ser atos involuntários de omissão, desatenção, desconhecimento ou má interpretação de fatos na elaboração de registros e demonstrações contábeis.
   e) Um ato voluntário de omissão e manipulação de transações e operações, adulteração de documentos, registros, relatórios e demonstrações contábeis, tanto em termos físicos quanto monetários, é um erro.

4) Leia as afirmações sobre os riscos de *compliance* e assinale a alternativa correta.

   I. Os riscos de *compliance* consistem na possibilidade de sanções legais ou de regulação.
   II. As sanções por risco de *compliance* podem resultar em perdas financeiras, de imagem ou até de selos, como os selos verdes, ou certificações.
   III. Para evitar os riscos de *compliance*, são importantes a inovação e o aprendizado contínuo voltados à Ética.

   a) Apenas a afirmação I está correta.
   b) Apenas as afirmações I e II estão corretas.
   c) Apenas as afirmações I e III estão corretas.
   d) Apenas as afirmações II e III estão corretas.
   e) Todas as afirmações estão corretas.

5) Assinale a alternativa que contém um exemplo de fraude.

   a) Uma empresa não cumprir uma obrigação tributária por falha dos controles internos.
   b) Uma indústria não seguir os procedimentos de segurança por omissão, porém não havia nenhum objetivo de conseguir alguma vantagem no processo ou financeira.

c) Um profissional receber dinheiro para omitir uma informação em determinado documento.
d) Com a aprovação de uma nova lei sobre controle de qualidade, o profissional realizou a leitura, mas fez uma interpretação errônea e executou o trabalho de maneira inadequada.
e) A publicação de um balanço patrimonial com dados equivocados por falta de conhecimento de uma obrigação legal.

6) Assinale a afirmativa que **não** apresenta um risco de *compliance*.

   a) O fato de uma empresa ser autuada por não cumprir o pagamento de um tributo por erro.
   b) Uma padaria foi vistoriada e interditada pela vigilância sanitária por não seguir as observações de aspectos legais, o que causou prejuízo pelos dias parados e pela diminuição do movimento por receio de contaminação.
   c) O Código de Ética não é cumprido pelos diretores de uma indústria química por contratarem apenas familiares, havendo nepotismo e prejudicando os resultados.
   d) Uma pizzaria tinha como missão produzir e vender pizzas elaboradas com produtos de qualidade, a preço baixo, porém com catálogo padronizado. Acreditava-se que, dessa maneira, ficaria muito conhecida na cidade de 80 mil habitantes onde estava instalada. Com o surgimento de aplicativos e da abertura de empresas concorrentes, a empresa faliu.
   e) A Família Souza abriu uma loja de roupas com produtos diferenciados para o público jovem. Em sua missão, preocupa-se em adquirir produtos sustentáveis. Essa loja cresceu e, após 20 anos, a Família Souza tem quatro lojas. No início, havia uma missão clara, mas hoje não a cumprem mais. Os sócios da família estão perdendo dinheiro, além de considerarem que não têm mais uma diferenciação e estão com risco na imagem.

7) Leia sobre o que os custos de *compliance* podem causar e assinale a alternativa correta.

   I. Danos à reputação da instituição, aos funcionários e perda de valor da marca, além de má alocação de recursos e menores eficiência e inovação.
   II. Cassação de licença de operação, além de sanções que podem ser administrativas, pecuniárias ou criminais às organizações e aos indivíduos.
   III. Custos secundários e não previstos, como advogados, tempo da alta gerência, entre outros.

   a) Apenas a afirmação I está correta.
   b) Apenas as afirmações I e II estão corretas.
   c) Apenas as afirmações I e III estão corretas.
   d) Apenas as afirmações II e III estão corretas.
   e) Todas as afirmações estão corretas.

8) Leia as afirmações sobre instrumentos e documentos de *compliance* e assinale a alternativa correta.

   I. Podem ser apenas internos.
   II. O Código de Conduta, as políticas de segurança e os manuais institucionais de procedimentos podem ser considerados exemplos de instrumentos de *compliance* interno de uma instituição.
   III. Podem ser considerados como instrumentos de *compliance* externos: Legislação, Código Tributário Nacional, Código Civil, regulações de selos verdes e outros.

   a) Apenas a afirmação I está correta.
   b) Apenas as afirmações I e II estão corretas.
   c) Apenas as afirmações I e III estão corretas.

d) Apenas as afirmações II e III estão corretas.
e) Todas as afirmações estão corretas.

9) Fórum: relatórios de *compliance*

   Pesquise na internet relatórios de *compliance* de uma empresa. Observe que poderá ter outros nomes, como relatórios de gerenciamento de riscos e relatórios de controles internos.

   Após pesquisar, comente de maneira reduzida os aspectos de destaque no relatório.

   Não esqueça de citar a fonte!

PARTE IV

TÓPICOS CONTEMPORÂNEOS SOBRE ÉTICA EMPRESARIAL

"Não há saber mais ou saber menos: há saberes diferentes."
Paulo Freire

OBJETIVOS

- Conhecer e compreender os tipos de exclusão social.
- Compreender a necessidade de desenvolver políticas inclusivas corporativas.
- Conhecer a formação étnico-racial do povo brasileiro.
- Compreender a relevância da multicultura para as instituições.

CAPÍTULO 14

POLÍTICAS DE GESTÃO INCLUSIVA

OBJETIVOS
Este capítulo é muito relevante, pois aborda políticas empresariais para realizar uma gestão inclusiva. O objetivo é sensibilizar o leitor para a necessidade de um olhar diferenciado sobre essas políticas, além de implantar ações e projetos sociais inclusivos.

COMPETÊNCIAS ADQUIRIDAS
- Conhecer os tipos de exclusão; sensibilizar-se com a realidade das minorias e dos excluídos a fim de elaborar políticas e colaborar para uma sociedade mais inclusiva.
- Perceber e despertar para a importância de as instituições desenvolverem políticas inclusivas.
- Conhecer projetos institucionais que apoiam e incentivam a inclusão social.

Há diferentes tipos de discriminação e exclusão social. Este capítulo pretende abordar a necessidade de revisão constante das políticas públicas e privadas para mudar esse cenário.

Exclusão social consiste em uma situação em que há privação ou afastamento de uma pessoa ou grupo de pessoas em relação à uma estrutura social ou acesso a serviços ou produtos. As pessoas podem ser marginalizadas pela sociedade e até impedidas de exercer seus direitos.

Essa exclusão pode ocorrer em todos os ambientes da sociedade ou em ambientes específicos, como na empresa e na escola; geralmente ocorre devido a aspectos como religião, condição financeira, cultural, grupo social ao qual pertence, origem social, sexualidade, raça, aspectos físicos, nacionalidade, entre outros.

14.1 A IMPORTÂNCIA DO DESENVOLVIMENTO DE POLÍTICAS PARA INCLUSÃO SOCIAL

A política de inclusão é algo muito relevante nas políticas sociais dos governos e das instituições.

Thorp (2014) afirma que: "Há dois motivos fundamentais para falar especificamente de desigualdade. Os motivos são: justiça e eficiência".

Em relação à justiça, a autora afirma que não é possível pensar em inclusão sem considerar um aspecto básico dos direitos humanos: a vida digna.

Sobre a eficiência, a autora cita que um país não pode ter crescimento com estruturas desiguais, que não possibilitam reduzir a pobreza ou que não permitem inclusão social. Essas realidades trazem problemas, como violência e instabilidade.

Olarte (2014) destaca que:

> A partir da perspectiva de desenvolvimento humano podemos definir a inclusão social como o conjunto de laços sociais que permite às pessoas terem aspirações e aproveitarem o que dão valor em suas vidas e ao mesmo tempo sejam valorizadas na sociedade em que pertencem.

É importante essa citação de Olarte, pois demonstra que não basta um emprego ou a garantia de alimento ou condições mínimas de saúde. Inclusão social é mais ampla, porque contempla a inserção social de forma plena.

No art. 5º da Constituição Federal consta o princípio da igualdade: "Todos são iguais perante a lei, sem distinção de qualquer natureza, garantindo-se aos brasileiros e aos estrangeiros residentes no País a inviolabilidade do direito à vida, à liberdade, à igualdade, à segurança e à propriedade."

O conceito de que todas as pessoas são iguais pode levar à conclusão de que todos devem ter direitos iguais. Porém, isso não é fato, pois devem ser consideradas as desigualdades ou diferenças.

Os iguais devem ser tratados de forma igual, mas, conforme o **princípio da isonomia**, os desiguais devem ser tratados de forma a minimizar essas desigualdades. Por esse motivo, a legislação brasileira é diferente para os desiguais. É possível exemplificar esse tratamento diferenciado a fim de possibilitar inclusão social e minimizar as diferenças de diversas formas, como:

- Cotas para negros, indígenas ou pessoas de baixa renda em universidades.
- Cotas para contratação de pessoas com deficiência em empresas.
- Seguro-desemprego para pessoas desempregadas recentemente.
- Alíquotas menores ou não tributação de IR para pessoas com menor renda.
- Licença à gestante, sem prejuízo do emprego e do salário, com a duração de cento e vinte dias.
- Licença-paternidade.
- Diferenças entre direitos de trabalhadores rurais e urbanos.
- Exigência de acessibilidade em Instituições de ensino.

Outros exemplos podem ser citados, porém foram destacados apenas alguns devido à amplitude do tema.

14.2 AS LIMITAÇÕES DE RECURSOS E A EXCLUSÃO SOCIAL

A pobreza e a exclusão social são aspectos muito relacionados, inclusive devido ao fato de que um aspecto contribui para o desenvolvimento do outro, ou seja, a pobreza leva à exclusão social e vice-versa, na maioria das vezes. A pobreza consiste em faltar recursos mínimos para a vida com dignidade.

No Brasil, para garantia desses recursos mínimos, há o art. 6º da Constituição Federal:

"São direitos sociais a educação, a saúde, a alimentação, o trabalho, a moradia, o lazer, a segurança, a previdência social, a proteção à maternidade e à infância, a assistência aos desamparados, na forma desta Constituição." (Redação dada pela Emenda Constitucional nº 64, de 2010.)

Quando aprovada a Constituição Federal de 1988, esses direitos eram limitados a: educação, saúde, trabalho, lazer, segurança, previdência social, proteção à maternidade e à infância, e assistência aos desamparados.

Em 2010, com a Emenda Constitucional nº 64, de 2010, foram incluídos os direitos à alimentação e à moradia.

Observa-se que, apesar da abrangência desses direitos, infelizmente, eles não são garantidos para toda a população brasileira. Esse é um dos aspectos que torna as políticas públicas e privadas de inclusão social mais relevantes.

Tais exclusões refletem em toda a sociedade, inclusive em empresas públicas e privadas. Logo, é relevante que as empresas e o terceiro setor:

- Contemplem, em suas normas de conduta, políticas que busquem evitar ou impedir comportamentos de segregação.
- Tenham políticas concretas de inclusão social.
- Incentivem projetos e ações inclusivas.

Drucker (1999, p. 226) afirmava que as instituições sem fins lucrativos terão de obter o dinheiro adicional de que necessitam, principalmente de pessoas físicas, como sempre fizeram.

O crescimento da exclusão social no mundo devido, inclusive, à revisão dos processos produtivos torna os governos incapazes de realizar a inclusão social de todas as pessoas, principalmente os desempregados ou com subemprego. Essa realidade obriga que as empresas, a sociedade civil organizada e as pessoas físicas contribuam para os projetos de inclusão social.

14.3 A IMPORTÂNCIA DO DESENVOLVIMENTO DE POLÍTICAS PARA INCLUSÃO SOCIAL

Na Constituição Federal há o princípio da igualdade, também chamado de isonomia, que deve ser assegurado por toda a sociedade, principalmente por instituições públicas e privadas.

De acordo com esse princípio, todos são iguais, mas considerando-se as suas desigualdades. O princípio da isonomia pode ser visto em vários artigos da legislação brasileira, como nos seguintes artigos e incisos da Constituição Federal:

> **Art. 5º:** Todos são iguais perante a lei, sem distinção de qualquer natureza, garantindo-se aos brasileiros e aos estrangeiros residentes no País a inviolabilidade do direito à vida, à liberdade, à igualdade, à segurança e à propriedade [...]:
>
> I – Homens e mulheres são iguais em direitos e obrigações, nos termos desta Constituição; [...]
>
> VIII – ninguém será privado de direitos por motivo de crença religiosa ou de convicção filosófica ou política, salvo se as invocar para eximir-se de obrigação legal a todos imposta e recusar-se a cumprir prestação alternativa, fixada em lei; [...]
>
> XXVII – aos autores pertence o direito exclusivo de utilização, publicação ou reprodução de suas obras, transmissível aos herdeiros pelo tempo que a lei fixar; [...]
>
> XLII – a prática do racismo constitui crime inafiançável e imprescritível, sujeito à pena de reclusão, nos termos da lei; [...]

Art. 7º: São direitos dos trabalhadores urbanos e rurais, além de outros que visem à melhoria de sua condição social: [...]

XXX – proibição de diferença de salários, de exercício de funções e de critério de admissão por motivo de sexo, idade, cor ou estado civil;

XXXI – proibição de qualquer discriminação no tocante a salário e critérios de admissão do trabalhador portador de deficiência; [...]

XXXIV – igualdade de direitos entre o trabalhador com vínculo empregatício permanente e o trabalhador avulso.

Observe que todos são iguais perante a lei, considerando-se as desigualdades. Por isso, há leis específicas. Por exemplo, idosos têm atendimento preferencial garantido por lei, pois considera-se uma situação que merece um tratamento diferenciado.

14.4 TIPOS DE EXCLUSÃO SOCIAL

Alfredo Bruto da Costa (1988) classificou a exclusão social em cinco tipos:

1. econômica;
2. social;
3. cultural;
4. patológica;
5. comportamentos autodestrutivos.

Observa-se, porém, que é possível acrescentar:

6. outras formas de exclusão, como: discriminação por gênero, por orientação sexual etc.

O que se observa é que, muitas vezes, um tipo de exclusão é associado a outros tipos, principalmente a exclusão econômica, que geralmente está relacionada a aspectos sociais, culturais ou outros.

1. Exclusão social de ordem econômica

A exclusão de ordem econômica caracteriza-se pela falta de condições financeiras, o que causa limitações de recursos. Os motivos podem ser vários, como:

- baixo nível de instrução ou de qualificação profissional;
- desemprego no país;
- desemprego na área em que o profissional está qualificado;
- precarização do trabalho, muitas vezes devido à baixa qualificação profissional;
- perfil do profissional e forma de buscar inserção e desenvolvimento no mercado de trabalho;
- saúde.

Sachs, Lopes e Dowbor (2010) afirmam que: "O fato essencial para nós é que o modelo atual subutiliza a metade das capacidades produtivas do país".

A colocação e o desenvolvimento profissional estão muito relacionados a aspectos mercadológicos e pessoais, porém é necessário o estado e a iniciativa privada terem ações para minimizar essa exclusão.

2. Exclusão social de ordem social

A exclusão de ordem social, segundo Costa (1988), é diferente da exclusão de ordem econômica, pois representa as privações de relacionamento. Pessoas que ficam isoladas da sociedade, por deficiência motora, aspectos psicológicos ou até por serem idosas.

3. Exclusão social de ordem cultural

A exclusão social de ordem cultural está relacionada a diversos fatores. Observa-se que formação é diferente de cultura. O fato de uma pessoa possuir pouca formação pode levar a uma exclusão econômica. A cultura é algo maior, pois faz parte dos valores, hábitos, crenças, arte e formas de comportamento do indivíduo, ou seja, independentemente da situação econômica e/ou do acesso ao conhecimento acadêmico, todas as pessoas podem ser consideradas seres culturais e possuidoras de cultura em seu sentido amplo.

A discriminação pode estar associada às minorias. O conceito de minoria, nesse caso, consiste em um grupo com minoria de poder político ou econômico. Esse grupo pode ser étnico, religioso, linguístico, de gênero ou outros. Observe que não se trata de uma minoria numérica.

A esse tipo de exclusão relacionam-se aspectos como:

- **Racismo**: comportamento sistematicamente discriminatório ou hostil a determinado grupo racial ou étnico. Crime tipificado pelo Código Penal, o racismo se manifesta, por exemplo, na tentativa de justificar fatos históricos como a escravidão e as diferenças sociais e econômicas de grupos minorizados. A Lei nº 7.716, de 05 de janeiro de 1989, define os crimes resultantes de preconceito de raça ou de cor. O art. 1º destaca que serão punidos, na forma desta Lei, os crimes resultantes de discriminação ou preconceito de raça, cor, etnia, religião ou procedência nacional. A Lei define as formas de crime, além de determinar as punições legais.

O conceito de raça mais utilizado é aquele que define parâmetros para classificar populações diferentes de uma mesma espécie biológica. Essa forma classifica cães, gatos e outras espécies. Quando se trata de seres humanos, a classificação por raça é incorreta e irrelevante: não há diferença genética entre diferentes etnias que justifique o uso dessa classificação.

Infelizmente, as teorias raciais infundadas dos séculos XVIII e XIX seguem sendo utilizadas para justificar a existência de diversos tipos de discriminação na atualidade. Entre elas:

- **Xenofobia**: ódio ou aversão a pessoas estrangeiras. Há países em que a xenofobia ocorre de forma aberta, variando conforme a época, a política governamental e outros fatores.
- **Discriminação regional**: ocorre na não aceitação de pessoas dentro de um mesmo país, de forma similar à xenofobia. Por exemplo, discriminação de um cidadão de um estado pelo de outro estado.
- **Intolerância religiosa**: é a reprodução de ideologias ou atitudes ofensivas a uma certa prática religiosa ou mesmo a quem não segue uma religião. É muito relacionada com a liberdade de expressão, o pensamento e a concepção de limite do indivíduo.

4. Exclusão social de ordem patológica

Conforme Costa (1988), a exclusão de ordem patológica pode ser causada por ruptura familiar, como abandono de doentes psiquiátricos.

5. Exclusão social por comportamentos autodestrutivos

Ainda segundo Costa (1988), comportamentos relacionados com o alcoolismo, a prostituição, o uso de droga, entre outros, geram a exclusão de indivíduos.

6. Outras formas de exclusão

Há outras formas de discriminação e exclusão social, como:

- **Por gênero**: gênero não é sinônimo de sexo, pois o gênero na espécie humana classifica-se em masculino e feminino.

Em relação à questão dos gêneros, Saffioti (1987, p. 16) destaca:

> A sociedade não está dividida entre homens dominadores de um lado e mulheres subordinadas do outro. Há homens que dominam outros homens e mulheres que dominam homens. Isto equivale a dizer que o patriarcado, sistema de relações sociais que garante a subordinação da mulher ao homem, não constitui o único princípio estruturador da sociedade.

- **Outros**: aparência física (obesos, magros, baixos, altos), modo de se vestir, forma de se expressar, idade, entre outros.

Todas as formas de exclusão estão muito relacionadas aos aspectos culturais do país, da região e da sociedade em que as pessoas estão inseridas. Uma instituição deve evitar, de maneira constante, o desenvolvimento dessas formas. Portanto, desenvolver políticas de maneira regular é primordial. Entre as políticas, é possível citar aspectos mencionados nos capítulos anteriores, mas fundamentalmente:

- Desenvolver e implantar a Governança Corporativa e o Código de Normas de Conduta.
- Incentivar e tornar as políticas éticas uma prática cotidiana.

14.5 PESSOAS COM DEFICIÊNCIA

As pessoas com deficiência (PCDs) merecem um tópico à parte por sofrerem maior exclusão social, causada inclusive pela dificuldade em estudar ou frequentar ambientes devido a fatores limitantes, como falta de planejamento das instituições ou falta de políticas públicas e privadas. São necessárias políticas para evitar o capacitismo e as sociedades ou instituições capacitistas (capacitismo na discriminação e/ou preconceito contra pessoas com alguma deficiência).

Uma sociedade capacitista considera exceções as pessoas com deficiência, e o normal é a ausência de deficientes. Segundo a Biblioteca Virtual em Saúde do Ministério da Saúde (2023), o Brasil possui mais de 45 milhões de pessoas com algum tipo de deficiência, o que representa 23,92% da população. Desse total, mais de 13 milhões são deficientes físicos.

No Brasil, no período do Império, no Rio de Janeiro, foram criadas as duas primeiras instituições sociais para PCDs: o Instituto dos Meninos Cegos, fundado em 1854, e o Instituto dos Surdos-Mudos, inaugurado em 1857.

Com a Constituição Federal de 1988, conforme o art. 207, inciso III, passou a ser dever do Estado a garantia de atendimento educacional especializado aos portadores de deficiência, preferencialmente na rede regular de ensino.

As empresas devem não apenas prever procedimentos em suas normas de conduta, mas realizar um planejamento para melhor atendê-los, além de conhecer a legislação específica.

Portanto, entre as ações possíveis das empresas para inclusão de pessoas com deficiência, é possível destacar:

- **Planejamento da infraestrutura**: a infraestrutura contempla desde edificações até instalações ou objetos apropriados.

    A infraestrutura pode prever aspectos como rampas, corrimãos, elevadores, banheiros adaptados, barras de apoio e outros. É importante destacar que esses são exemplos de adaptação para cadeirantes ou PCDs que têm dificuldade de locomoção, mas há pessoas com deficiência visual, auditiva, enfim, com outras necessidades.

    Destaca-se que o investimento para adaptação de um prédio para PCDs, muitas vezes, é mais caro do que a construção dele adaptado. Por esse motivo, a contratação de um profissional no momento anterior ao início das obras, sempre que possível, é o mais adequado.

- **Políticas e práticas cotidianas**: além da política de contratação, treinamento, inclusão e adaptação das PCDs, há necessidade de uma política para as pessoas as receberem de forma adequada.

> Se uma empresa possui PCDs, elas são as pessoas mais indicadas e interessadas para auxiliar na elaboração dessas políticas.
>
> **Portanto, é fundamental a participação das PCDs na elaboração das políticas inclusivas.**

    As PCDs não necessitam de um espaço específico para elas, pois desejam que as escolas, empresas, clubes, academias, *shoppings*, meios de transporte, vias públicas, órgãos públicos e outros espaços sejam comuns e adaptados para as suas necessidades.

    As pessoas e as empresas, por sua vez, devem estar preparadas, pois não podem agir de maneira assistencialista ou excludente.

> Exemplos de ações inadequadas:
>
> - Postura assistencialista ou incorreta: o grupo de funcionários da empresa tem a concepção de que as PCDs são limitadas e busca auxiliá-las até em tarefas simples, como transportar um cadeirante sem consultar se ele prefere deslocar-se sozinho ou ficar no local.
> - Política excludente: contratar PCDs para atividades menos relevantes, por considerá-las potencialmente incapazes. O correto seria contratá-las para cargos ou funções adaptadas às suas necessidades, porque é comum elas se superarem e obterem alto rendimento.

- **Conhecer a legislação para PCDs**: as empresas devem conhecer a legislação para PCDs, porque além de ser importante para a inclusão social, evita processos judiciais.

    Destaca-se que a Constituição Federal de 1988 proíbe qualquer discriminação no tocante a salário e critérios de admissão do trabalhador portador de deficiência.

    A Lei de Cotas para PCD 8.213/91 – Lei nº 8.213, de 24 de julho de 1991, conhecida como lei de contratação de Pessoas com Deficiência nas Empresas, dispõe sobre os planos de benefícios da Previdência e dá outras providências para a contratação de portadores de necessidades especiais.

Conforme o art. 93, a empresa com 100 ou mais funcionários é obrigada a preencher de 2 a 5% dos seus cargos com beneficiários reabilitados ou pessoas portadoras de deficiência, na proporção legal apresentada na Tabela 14.1.

TABELA 14.1 Percentuais mínimos de pessoas portadoras de necessidades especiais

Número de empregados da empresa	Percentual	Quantidade de empregados
Abaixo de 100	Não é obrigada a contratar	
100 a 200	2%	2 a 4
201 a 500	3%	6 a 15
501 a 1.000	4%	20 a 40
Mais de 1.000	5%	50 ou mais

Fonte: Decreto nº 3.298, de 20 de dezembro de 1999.

Outro aspecto a destacar é a necessidade de políticas de desenvolvimento e carreira para PCDs, evitando se limitar ao cumprimento de cotas.

Segundo a Constituição Federal de 1988, art. 37, inciso VIII, em relação à Administração Pública, define-se: "a lei reservará percentual dos cargos e empregos públicos para as pessoas portadoras de deficiência e definirá os critérios de sua admissão".

14.6 DESENVOLVIMENTO DE POLÍTICAS INCLUSIVAS CORPORATIVAS

No Capítulo 2, que aborda o Código de Conduta Empresarial, são citadas formas de elaboração de ações inclusivas. De forma sintética, pode-se citar:

- **Previsão no Código de Conduta de políticas inclusivas às PCDs**: as empresas devem prever em suas políticas internas aspectos como: a busca contínua pela acessibilidade e inclusão social e punição a qualquer forma de discriminação.
- **Participação direta ou indireta em projetos**: é fundamental que a iniciativa privada, os órgãos governamentais e o terceiro setor desenvolvam projetos de inclusão social e de melhoria da qualidade de vida das pessoas.

14.7 PROJETOS QUE BUSCAM A INCLUSÃO SOCIAL

A seguir, serão apresentados alguns projetos e ações de inclusão social:

- Parceria do Ministério do Trabalho e Emprego (MTE) e do Serviço Nacional de Aprensizagem Insdustrial (SENAI): por meio dessa parceria, anualmente são ofertadas palestras para inserção de PCDs no mercado de trabalho, inclusive criando condições para contratação de autistas.

- Instituto Novo Ser: instituição sem fins lucrativos cuja missão é a luta pelo respeito e a valorização da cidadania das PCDs, de forma a promover os seus direitos, a equalização das oportunidades e a superação dos obstáculos sociais predominantes no processo de inclusão.

Além desses projetos, é possível citar vários outros, com diferentes objetivos, como os projetos para:

- ressocialização de apenados;
- pesquisa na área da saúde;
- minimização de desigualdades sociais;
- prestação de serviços de saúde em áreas isoladas;
- alfabetização.

O trabalho do terceiro setor e das atividades de inclusão social é fundamental para o desenvolvimento do país.

14.8 AÇÕES NECESSÁRIAS PARA INCLUSÃO SOCIAL NAS EMPRESAS

a. Previsão no Código de Conduta da instituição de políticas inclusivas, considerando-se os diferentes tipos de exclusão

O Código de Conduta deve abordar essa temática devido à necessidade de políticas preventivas e não reativas. Uma opção é verificar as medidas utilizadas por outras empresas e adotá-las.

b. Transformar a busca da inclusão social em uma prática cotidiana

Como citado no tópico 2, é necessário que as políticas éticas sejam constantes, inclusive as de inclusão social. Há empresas que têm projetos sociais e ambientais muito relevantes, porém destroem a natureza ou tratam mal seus colaboradores.

Portanto, é fundamental uma visão inclusiva que contemple cotidianamente seus *stakeholders*, ou seja, funcionários, terceirizados, colaboradores, investidores, familiares e outros.

c. Conhecimento da regulação e legislação sobre inclusão

O conhecimento é fundamental para desenvolver e implantar políticas, assim como aprender aspectos não discriminatórios e a necessidade legal de contratação de PCDs.

Assim, são relevantes treinamentos em relação ao Código de Conduta e aos aspectos jurídicos a respeito da temática.

d. Participação direta ou indireta em projetos

É importante as instituições elaborarem ou participarem de projetos inclusivos, como associação com projetos comunitários e ambientais, apoio a entidades assistenciais e outros. O estado, ou seja, os órgãos públicos não têm condições de garantir a sustentabilidade do planeta.

e. Plano de inclusão social

Principalmente para as empresas de médio e grande porte, são necessários planos de inclusão social. É comum empresas contratarem PCDs, minorias raciais, mulheres e outras pessoas pertencentes às minorias, porém são subaproveitadas, pela falta de políticas inclusivas.

14.9 EXERCÍCIOS

1) Leia as afirmações sobre exclusão social e assinale a alternativa correta.

   I. Exclusão social consiste em uma situação em que há privação ou afastamento de uma pessoa ou grupo de pessoas de uma estrutura social ou acesso a serviços ou produtos.
   II. A exclusão pode ocorrer em todos os ambientes da sociedade ou em ambientes específicos, como a empresa, a escola e outros.
   III. A exclusão ocorre no Brasil apenas por questões religiosas ou por questões financeiras.

   a) Apenas a afirmação I está correta.
   b) Apenas as afirmações I e II estão corretas.
   c) Apenas as afirmações I e III estão corretas.
   d) Apenas as afirmações II e III estão corretas.
   e) Todas as afirmações estão corretas.

2) Sobre o princípio da igualdade ou isonomia expresso na Constituição Federal, assinale a alternativa correta.

   a) Todos são iguais perante a lei, preferencialmente os brasileiros em relação aos estrangeiros.
   b) Sempre que possível, todos são iguais perante a lei, evitando a distinção de qualquer natureza.
   c) Todos são iguais perante a lei, sem distinção de qualquer natureza.
   d) Nem todos são iguais perante a lei, pois depende dos aspectos legais.
   e) Todos são iguais perante a lei, mas apenas para ter acesso às informações.

3) As alternativas a seguir são compostas de trechos da Constituição Federal vigente. Assinale a alternativa que **não** aborda o princípio da igualdade ou da isonomia.

   a) Art. 5º, inciso I – homens e mulheres são iguais em direitos e obrigações, nos termos desta Constituição.
   b) Art. 5º, inciso VIII – ninguém será privado de direitos por motivo de crença religiosa ou de convicção filosófica ou política, salvo se as invocar para eximir-se de obrigação legal a todos imposta e recusar-se a cumprir prestação alternativa, fixada em lei.
   c) Art. 5º, inciso XLII – a prática do racismo constitui crime inafiançável e imprescritível, sujeito à pena de reclusão, nos termos da lei.
   d) Art. 7º, inciso XXX – proibição de diferença de salários, de exercício de funções e de critério de admissão por motivo de sexo, idade, cor ou estado civil.
   e) Art. 44. O Poder Legislativo é exercido pelo Congresso Nacional, que se compõe da Câmara dos Deputados e do Senado Federal.

4) Sobre a exclusão econômica, é possível afirmar que:

   a) É caracterizada pela falta de condições financeiras, o que causa limitações de recursos, além de dificultar às pessoas o acesso a determinados ambientes e a muitos grupos sociais e resultar em discriminação.
   b) É caracterizada pela região em que a pessoa vive, dificultando o acesso aos serviços essenciais.
   c) É uma forma de exclusão que não existe no Brasil.
   d) Consiste na dificuldade de acesso à informação, a determinados ambientes e a muitos grupos sociais, além de resultar em discriminação.
   e) Consiste nas pessoas que não querem ter acesso a recursos, porque preferem viver com pouco dinheiro.

CAPÍTULO 14 • POLÍTICAS DE GESTÃO INCLUSIVA 119

5) Qual a diferença entre a exclusão econômica e a exclusão social?
    a) A exclusão econômica é igual à exclusão social.
    b) A exclusão social representa privações de relacionamento e a exclusão econômica é a falta de recursos financeiros.
    c) A exclusão econômica representa privações de relacionamento e a exclusão social consiste na falta de recursos financeiros.
    d) A exclusão social consiste na falta de recursos financeiros e a exclusão econômica, em não ter um emprego ou profissão.
    e) A exclusão social representa privações de relacionamento e a exclusão econômica significa ser discriminado pela região em que mora.

6) Leia as afirmações sobre inclusão social e assinale a alternativa correta.
    I. As instituições privadas não devem se preocupar, pois é dever do Estado.
    II. As instituições privadas devem ter políticas apenas para evitar problemas legais.
    III. As instituições privadas devem ter políticas reativas e não preventivas, ou seja, se tiverem problemas, devem dar respostas.
    a) Nenhuma afirmação está correta.
    b) Apenas a afirmação I está correta.
    c) Apenas a afirmação II está correta.
    d) Apenas a afirmação III está correta.
    e) As afirmações II e IIII estão corretas.

7) Qual das alternativas melhor exemplifica políticas preventivas efetivas em relação à inclusão social?
    a) Prever no Código de Conduta que se houver algum problema legal em relação a aspectos inclusivos, vão agir de forma ética.
    b) Determinar, no Código de Conduta, inclusão de PCDs, conforme exigem as quotas legais.
    c) Definir, no Código de Conduta, que não será aceita qualquer forma discriminatória e definir as punições, além de conter outros documentos que garantam políticas de recrutamento e desenvolvimento inclusivas.
    d) Ignorar as formas de discriminação, pois, dessa forma, evitamos a exclusão.
    e) Definir, no Código de Conduta, que não será aceita qualquer forma discriminatória por parte dos gestores.

8) Consiste em exemplo de política inclusiva efetiva:
    a) Inserir na missão da empresa a busca pela inclusão social.
    b) Desenvolver de forma participativa o Código de Conduta e aprovar um texto que seja inclusivo e que aborde todos os níveis da empresa.
    c) Desenvolver e aplicar de maneira ética e participativa um Código de Conduta que seja inclusivo e que aborde todos os níveis da empresa.
    d) Aplicar um Código de Conduta desenvolvido pela alta direção que seja punitivo aos gestores que realizem ações discriminatórias.
    e) Recomendar, no Código de Conduta, a não discriminação.

9) Leia as afirmações sobre políticas de inclusão social e assinale a alternativa correta.
    I. Apenas os gestores devem conhecer a política interna e a legislação inclusiva.

II. Esporadicamente as instituições devem realizar ações que contribuam com as políticas inclusivas.

III. É fundamental as instituições realizarem, de forma cotidiana e sistemática, ações que contribuam com as políticas inclusivas em todos os níveis das instituições.

a) Nenhuma afirmação está correta.
b) Apenas a afirmação I está correta.
c) Apenas a afirmação II está correta.
d) Apenas a afirmação III está correta.
e) As afirmações I e IIII estão corretas.

10) Estudo de Caso – Empresa do segmento de prestação de serviços na área da saúde com Código de Conduta que abrange a inclusão social

Um importante grupo da área da saúde tem em seu Código de Conduta as diretrizes e os princípios a respeito de práticas respeitosas e inclusivas para apoiar todos os colaboradores. Sua política tem como pilar nortear o relacionamento entre os colaboradores, líderes, médicos, clientes, fornecedores, terceiros e outras partes interessadas.

A abrangência dessa política é aplicável a todas as áreas e colaboradores. Com isso, ela almeja o combate de qualquer tipo de discriminação e estabelece práticas inclusivas que propiciam interação entre todos, num clima de respeito, diálogo e cooperação.

Essa política visa evitar preconceito, discriminação ou constrangimento em relação a qualquer tipo de diversidade, e no caso de acontecer algo em desacordo com as diretrizes dessa política, a empresa tem um setor de Ética que será acionado para que sejam feitas as ações de melhoria necessárias.

Em outras palavras, em seu Código de Conduta está previsto seus princípios éticos, e toda atitude diferente de sua política tem sanções éticas e legais previstas naquele documento.

Com base no texto e na parte teórica desenvolvida neste capítulo, responda:

a) Essa empresa tem uma política inclusiva efetiva?
b) Suas ações previstas contemplam políticas preventivas? Justifique a sua resposta.

11) Fórum: projetos de inclusão social

Pesquise um projeto de inclusão social e responda:

a) Como fazem a inclusão social?
b) Quem são as pessoas beneficiadas?
c) Como esses projetos são mantidos?
d) Comente no fórum e compartilhe a informação. Não esqueça de citar a fonte.

12) Estudo de Caso – PCDs em empresa no interior de São Paulo

Uma companhia multinacional com sede no interior de São Paulo atua em projetos e fabrica produtos com alta tecnologia, tem suas operações tanto no Brasil como em outros países, e devido ao seu segmento demanda mão de obra qualificada e especializada.

Essa empresa tem aproximadamente 20 mil colaboradores e cumpre a Lei de Cotas (Lei nº 8.213, de 24 de julho de 1991) nas devidas proporções. No entanto, ela ainda procura pela inclusão de PCDs como uma responsabilidade social.

Por meio de cursos profissionalizantes, e com um programa inovador, essa companhia visa capacitar as PCDs para o mercado de trabalho. Com isso disponibilizou oportunidades para 100 aprendizes com diferentes tipos de deficiência, entre 17 e 35 anos, sem experiência.

A empresa também realizou parcerias com uma escola de capacitação técnica nas áreas de informática, mecânica e elétrica. Iniciativas como essas demonstram a preocupação com a qualificação das pessoas, preparando-as para o mercado de trabalho.

Após o treinamento, esses novos profissionais entram na empresa como aprendizes e recebem benefícios sociais. A empresa os prepara ao mesmo tempo em que realiza um plano de sensibilização com todos que ali trabalham para recebê-los adequadamente, inclusive com o curso de Libras (Linguagem Brasileira de Sinais).

Toda infraestrutura da empresa foi realizada para garantir a acessibilidade dos aprendizes nos postos de trabalho e em locais comuns da empresa.

Com base no que foi descrito anteriormente:

- Relate as preocupações para a inclusão de PCDs no caso da empresa descrita na parte do "debate".

CAPÍTULO 15

A ÉTICA E A MULTICULTURA CORPORATIVA – ASPECTOS MULTICULTURAIS DA FORMAÇÃO DO POVO BRASILEIRO

Capítulo com a coautoria de José Farias dos Santos[1]

"Sonho com o dia em que todos levantar-se-ão e compreenderão que foram feitos para viverem como irmãos."
Nelson Mandela

OBJETIVOS
Uma política ética corporativa deve contemplar e incentivar aspectos relacionados à multicultura; portanto, este capítulo tem o objetivo de mostrar esses aspectos e refletir sobre a formação do povo brasileiro.

COMPETÊNCIAS ADQUIRIDAS
- Compreender a formação étnico-racial do país e o impacto na inclusão social.
- Demonstrar a importância de as instituições incentivarem políticas multiculturais.
- Conhecer projetos institucionais que apoiam e incentivam o multiculturalismo.

15.1 ÉTICA E MULTICULTURA

Um dos aspectos relevantes para o desenvolvimento de políticas éticas corporativas é o respeito e incentivo à multicultura.

> Uma instituição multicultural consiste em uma entidade que incentiva, desenvolve e partilha a diversidade de manifestações culturais presentes na sociedade. Observe que desenvolver significa que pessoas de diferentes culturas ou formações não apenas compõem a empresa, mas se desenvolvem com ela, participando das decisões políticas e com capacidade de crescimento profissional e atuação na gestão.

---

[1] José Farias dos Santos: Doutor em Ciências Humanas e Sociais pela Universidade Federal do ABC (UFABC). Mestre em Ciências Sociais: Política pela Pontifícia Universidade Católica de São Paulo (PUC-SP). Possui publicações, pesquisas e conferências relacionadas aos seguintes temas: Música Popular Brasileira, Cultura Popular, Orquestra de Violeiros de Osasco, Ética e Diversidade.

Um exemplo de empresa não multicultural é uma empresa estrangeira, que contrata muitos brasileiros para os cargos ou funções simples, mal remuneradas, que não possibilitam participar das decisões. Nessa empresa, embora possa conter culturas diferenciadas dos seus colaboradores, a forma de gestão é de cultura única.

Uma empresa com pessoas de culturas diversificadas, mas que o crescimento na carreira é limitado para alguns indivíduos, não pode ser considerada multicultural, porque possui uma diversificação de pessoas, mas uma gestão uniforme e excludente.

A Ética Corporativa, como algo inclusivo, deve ser construída de acordo com os princípios de ampliação das inúmeras possibilidades do multiculturalismo.

Respeitar a cultura do outro consiste em ter a consciência de que todas as pessoas possuem uma história que integra diversas particularidades e processos históricos vivenciados.

A construção dessa sociedade é um aspecto relevante para todos, pois conforme as pessoas agem podem transformá-la em um espaço mais humano, mais produtivo, mais ético, enfim, com maior qualidade para o trabalho e com uma vida digna e prazerosa.

Em contrapartida, é importante considerar que a ausência dos valores mencionados anteriormente pode conduzir essa sociedade para a sua própria destruição, para o desrespeito ao próximo e para a discriminação do indivíduo de formação cultural, racial ou origem social diferente.

15.2 FORMAÇÃO ÉTNICO-RACIAL DO POVO BRASILEIRO

Com o objetivo de possibilitar melhor entendimento dos conceitos de sociodiversidade e multiculturalismo, e ressaltar os valores éticos do respeito, da alteridade, da tolerância e da convivência harmônica, convém apresentar a letra da música *Mestiçagem* (composição de Wilson Freire e Antonio Nóbrega, no Quadro 15.1), gravada no ano 2000 pelo cantor, compositor, pesquisador e multi-instrumentista Antonio Nóbrega.

Ao analisar os versos da composição, é possível compreender a perfeita associação da música com os respectivos conceitos e valores da Ética multicultural. De certa forma, pode-se compreender que a sociodiversidade e o multiculturalismo estão muito presentes na história e na formação étnico-racial do povo brasileiro. Para melhor entendimento, convém apontar alguns significados.

A compreensão e a perspectiva de uma convivência de grupos com diferenças de valores, costumes e raízes associados aos aspectos culturais, históricos e sociais são a principal característica do conceito de sociodiversidade. Diante desse cenário, temos o estado brasileiro, com as suas manifestações culturais aglutinadoras em oposição aos mais variados contrastes sociais, como um importante exemplo para a busca e o alcance da concretização da sociodiversidade no âmbito nacional.

Segundo o antropólogo Darcy Ribeiro, a própria formação do povo brasileiro, resultante da fusão das três matrizes culturais – tupi, europeia e africana – aliada aos diferentes eventos históricos dos últimos 500 anos, propicia a constituição de vários *brasis*: o caboclo, o sertanejo, o caipira e o Brasil sulino. Da união dos diversos grupos, junto às mais variadas contribuições de cada matriz formadora da cultura nacional, temos a conjunção do povo brasileiro, com suas características próprias e diversificadoras:

> Conquanto diferenciados em suas matrizes raciais e culturais e em suas funções ecológico-regionais, bem como nos perfis de descendentes de velhos povoadores ou de imigrantes recentes, os brasileiros se sabem, se sentem e se comportam como uma só gente, pertencente a uma mesma etnia. Vale dizer, uma entidade nacional distinta de quantas haja, que fala uma mesma língua, só diferenciada por sotaques regionais, menos remarcados que os dialetos de Portugal. (RIBEIRO, 2003, p. 21)

QUADRO 15.1 Letra da música *Mestiçagem*

Mestiçagem Antonio Nóbrega **Composição: Wilson Freire e Antonio Nóbrega**	
Uma negra com um branco Vi casar na camarinha, Um branco com uma índia Vi casar lá na matinha, Um negro com uma índia Vi casar na capelinha.	Eu vi nascer um crioulo Do casal de atrás do muro, Eu vi nascer um mazombo Do casal lá do escuro, Eu vi nascer outro índio Do casal porto seguro.
Um negro com uma negra Vi casar atrás do muro, Um branco com uma branca Vi casar lá no escuro, Um índio com uma índia Casaram em porto seguro.	Uma mulata moleca Vi casar com um japonês, Uma catita cafuza Com um sírio-libanês, Crioulo com alemoa Vejo casar todo mês.
Eu vi nascer um mulato Do casal da camarinha, Vi nascer um mameluco Do casal lá da matinha, Eu vi nascer um cafuzo Do casal da capelinha.	Me casei com uma mestiça Eu mestiço por inteiro, Tivemos muitos mestiços Cada vez mais verdadeiros, Cada vez mais misturados, Cada vez mais brasileiros.

Diante das múltiplas contribuições de cada uma das matrizes formadoras, pode-se considerar que um grande exemplo que o Brasil pode transmitir ao mundo é a possibilidade de construir uma sociedade que, fundada na essência da diversidade em seu processo de formação, possa servir como um instrumento de resistência e de oposição ao discurso da suposta existência de uma raça pura, manifestado nas teorias raciais europeias e norte-americanas dos séculos anteriores.

Ressalta-se que, na perspectiva de um mundo globalizado que privilegie a formação de uma sociedade homogênea, compreende-se que a Ética multicultural caminha em sentido contrário, ou seja, trata-se de ressaltar as diferenças – culturais, étnicas, sexuais, econômicas – dos diversos grupos sociais existentes e valorizá-los como agentes de transformação social e de valorização das raízes e das formações identitárias. Uma vez compreendidas as diferenças, o multiculturalismo surge como uma possibilidade que aponta para uma nova dimensão das relações interpessoais – baseadas nos valores do respeito, da tolerância e da boa convivência.

15.3 AS POLÍTICAS DE AÇÃO AFIRMATIVA COMO VALORIZAÇÃO DA MULTICULTURA

As políticas de ação afirmativa são medidas especiais, tomadas ou determinadas pelo estado, espontânea ou compulsoriamente, em benefício de pessoas pertencentes a grupos discriminados e vitimados pela exclusão socioeconômica no passado ou no presente, para minimizar as diferenças e as injustiças construídas e reproduzidas historicamente.

Para melhor entendimento sobre as políticas de ação afirmativa, é importante ressaltar que, entre vários princípios, um dos mais importantes é o fato de estarem associadas à resolução e atuação empreendida, principalmente, pelo setor público, buscando a solução de problemas e contrastes sociais vivenciados na coletividade.

De acordo com as prerrogativas constitucionais, é dever do Estado implementar ações que possibilitem a garantia de todos os direitos aos seus cidadãos. A própria Declaração Universal dos Direitos Humanos, proclamada em 1948 e assinada pelo Brasil em conjunto com vários países, estabelece o compromisso moral dos seus signatários no cumprimento dos direitos apresentados. De um total de 30 artigos, pode-se considerar que o art. XXV é o que expressa, com mais exatidão, a necessidade e a exigência da presença do Estado no cumprimento das políticas públicas. Observe:

> Artigo XXV. Todo ser humano tem direito a um padrão de vida capaz de assegurar-lhe, e a sua família, saúde e bem-estar, inclusive alimentação, vestuário, habitação, cuidados médicos e os serviços sociais indispensáveis, e direito à segurança em caso de desemprego, doença, invalidez, viuvez, velhice ou outros casos de perda dos meios de subsistência em circunstâncias fora de seu controle. A maternidade e a infância têm direito a cuidados e assistência especiais. Todas as crianças, nascidas dentro ou fora do matrimônio, gozarão da mesma proteção social. (NAÇÕES UNIDAS NO BRASIL, 2014)

No estado brasileiro, a própria Constituição, promulgada em 1988 e chamada de "a constituição cidadã", estabelece, em seu art. 5º, que "Todos são iguais perante a lei, sem distinção de qualquer natureza". No entanto, ao observar a realidade e os diversos contrastes sociais existentes, verifica-se a ocorrência de tratamento desigual para os indivíduos. Como alternativa e possibilidade de redução dos problemas sociais, convém ressaltar a análise apontada no capítulo anterior, na qual é dever do Estado, de acordo com o princípio da isonomia, atuar em favor dos desiguais.

Conforme salientado anteriormente, ao analisar o processo de formação da sociedade brasileira, é possível encontrar contribuições originadas pela atuação da presença das culturas africana, indígena e europeia, presentes de forma marcante no processo de organização social e cultural do país.

Especificamente sobre a cultura africana, convém ressaltar a presença marcante da atuação nos aspectos religioso e musical. Ambos surgem em pleno processo de desenvolvimento do regime de escravidão e formação do sincretismo religioso brasileiro. Nesse período, as irmandades religiosas dos negros florescem e tem início a organização dos cultos africanos, entendidos como uma forma de resistência para os escravizados, uma vez que a cultura africana estava sendo duramente massacrada pela diáspora, restavam os cultos e as danças. Essas manifestações atuavam como forma de garantir a conscientização e a presença de sua cultura em um país distante.

Posteriormente, por meio do processo de alforria e com o projeto de troca de mão de obra escrava pela mão de obra europeia e asiática, estimulado pela elite colonizadora, temos o surgimento de problemas sociais como:

O que fazer com os ex-escravizados?

Como um país que importou o maior número de escravizados, aproximadamente 4 milhões, incluiria esses despossuídos no sistema social e político?

A não resposta aos questionamentos do final do século XIX pode ser dada com uma análise da realidade brasileira. De certa forma, essas dúvidas podem ser respondidas com as estatísticas e dados atuais que indicam as desigualdades e o abismo social acometido aos afrodescendentes. Dados do IBGE, da PNAD e demais institutos revelam as disparidades entre as condições de vida, escolaridade, emprego e renda, vivenciados pela população negra em comparação com os brancos do país.

Como enfrentamento à desigualdade histórica que atinge a população brasileira e, de modo particular, os afrodescendentes, há a adoção de políticas de ação afirmativa. Em sua gênese, as Ações Afirmativas contemplam projetos públicos ou privados, que visam promover a igualdade de oportunidades para todos, estabelecendo a adoção de medidas que reparem e compensem os grupos socialmente discriminados para que possam competir com as mesmas condições nos diversos âmbitos de poder nas instituições públicas e privadas do Brasil.

Alguns exemplos de ações afirmativas que vêm sendo implementadas reforçam a máxima de que "a igualdade de todos perante a lei", presente na Constituição Federal, não garante a cidadania e a dignidade para todos.

Nesse sentido, verifica-se a existência de algumas ações que procuram diminuir as diferenças já mencionadas, sobretudo aos afrodescendentes. Observe alguns exemplos que podem ser indicados:

- Bolsas de estudo integrais e parciais em instituições públicas e privadas, concedidas por meio de programas públicos federais, estaduais ou municipais.
- Lei Federal nº 10.639, de 10 de janeiro de 2003, que torna obrigatório o ensino de História da África e da Cultura Afro-Brasileira nos estabelecimentos de ensino fundamental e médio, oficiais e particulares.
- Resolução CNE/CP nº 1, de 17 de junho de 2004, que determina que as Instituições de Ensino Superior incluirão nos conteúdos de disciplinas e atividades curriculares dos cursos que ministram, a Educação das Relações Étnico-Raciais, bem como o tratamento de questões e temáticas que dizem respeito aos afrodescendentes, nos termos explicitados no Parecer CNE/CP nº 3/2004. Essa resolução afirma ainda que o cumprimento das referidas Diretrizes Curriculares, por parte das instituições de ensino, será considerado na avaliação das condições de funcionamento do estabelecimento. Portanto, a resolução, além de exigir esses conteúdos, considera os critérios avaliativos do INEP/MEC.
- Lei Federal nº 11.645, de 10 de março de 2008, que nos estabelecimentos de ensino fundamental e de ensino médio, públicos e privados, torna obrigatório o estudo da história e cultura afro-brasileira e indígena.
- Lei Federal nº 12.288, de 20 de julho de 2010, que institui o Estatuto da Igualdade Racial.
- Lei Federal nº 12.711, de 29 de agosto de 2012, que dispõe sobre o ingresso nas universidades federais e nas instituições federais de ensino técnico de nível médio. Essa lei garante a reserva de 50% das matrículas por curso e turno nas 59 universidades federais e 38 institutos federais de educação, ciência e tecnologia a alunos oriundos integralmente do ensino médio público, em cursos regulares ou da educação de jovens e adultos.

A adoção de políticas de ação afirmativa, associada ao amplo debate e conscientização acerca da existência e eliminação do preconceito, permite visualizar um futuro de menor desigualdade no país e a valorização de um projeto de construção de uma nação que contemple os princípios de uma Ética pautada no multiculturalismo. Embora existam vários projetos em andamento, ainda há muito que se fazer e lutar para o alcance desses objetivos, porém os primeiros passos já foram dados.

Há outras propostas para implantação de ações afirmativas, como a possibilidade de incentivos fiscais para as empresas que têm políticas internas de incorporação de afrodescendentes em cargos de gestão.

15.4 A CONSTITUIÇÃO FEDERAL E OS DIREITOS RELACIONADOS À MULTICULTURA

Conforme citado no capítulo anterior, a Constituição Federal contempla alguns direitos constitucionais relacionados à valorização da multicultura, ou seja, em prol da adoção de políticas afirmativas e da minimização de desigualdades, podendo ser citada a inviolabilidade do direito à vida, à liberdade, à igualdade, à segurança e à propriedade. Também foi mencionado o princípio da isonomia, que afirma o compromisso de que todos são iguais perante a lei, considerando-se as suas desigualdades. Diante desse cenário, é importante apresentar outros exemplos de direitos que contribuem para a construção dessas políticas no país:

Título I – Dos Princípios Fundamentais:

Art. 1º A República Federativa do Brasil, formada pela união indissolúvel dos Estados e Municípios e do Distrito Federal, constitui-se em Estado Democrático de Direito e tem como fundamentos:

I – a soberania;

II – a cidadania;

III – a dignidade da pessoa humana;

IV – os valores sociais do trabalho e da livre iniciativa;

V – o pluralismo político.

Parágrafo único. Todo o poder emana do povo, que o exerce por meio de representantes eleitos ou diretamente, nos termos desta Constituição.

Art. 2º São Poderes da União, independentes e harmônicos entre si, o Legislativo, o Executivo e o Judiciário.

Art. 3º Constituem objetivos fundamentais da República Federativa do Brasil:

I – construir uma sociedade livre, justa e solidária;

II – garantir o desenvolvimento nacional;

III – erradicar a pobreza e a marginalização e reduzir as desigualdades sociais e regionais;

IV – promover o bem de todos, sem preconceitos de origem, raça, sexo, cor, idade e quaisquer outras formas de discriminação.

Art. 4º A República Federativa do Brasil rege-se nas suas relações internacionais pelos seguintes princípios:

I – independência nacional;

II – prevalência dos direitos humanos;

III – autodeterminação dos povos;

IV – não intervenção;

V – igualdade entre os Estados;

VI – defesa da paz;

VII – solução pacífica dos conflitos;

VIII – repúdio ao terrorismo e ao racismo;

IX – cooperação entre os povos para o progresso da humanidade;

X – concessão de asilo político.

Parágrafo único. A República Federativa do Brasil buscará a integração econômica, política, social e cultural dos povos da América Latina, visando a formação de uma comunidade latino-americana de nações.

(BRASIL. Constituição Federal de 1988, grifos nossos)

Observe que os princípios fundamentais se preocupam com a concepção de república e de estado democrático, além de destacar aspectos que visam garantir soberania, cidadania e dignidade, além de destacar a busca da erradicação da pobreza e promover o bem de todos, sem preconceito.

1. **Competência privativa da União**

    Art. 22. Compete privativamente à União legislar sobre: [...]

    XIII – nacionalidade, cidadania e naturalização;

    XIV – populações indígenas;

    XV – emigração e imigração, entrada, extradição e expulsão de estrangeiros;

    XVI – organização do sistema nacional de emprego e condições para o exercício de profissões; [...]

    XXIII – seguridade social;

    XXIV – diretrizes e bases da educação nacional; [...]

    Art. 23. É competência comum da União, dos Estados, do Distrito Federal e dos Municípios:

    I – zelar pela guarda da Constituição, das leis e das instituições democráticas e conservar o patrimônio público;

    II – cuidar da saúde e assistência pública, da proteção e garantia das pessoas portadoras de deficiência;

    III – proteger os documentos, as obras e outros bens de valor histórico, artístico e cultural, os monumentos, as paisagens naturais notáveis e os sítios arqueológicos;

    IV – impedir a evasão, a destruição e a descaracterização de obras de arte e de outros bens de valor histórico, artístico ou cultural;

V – proporcionar os meios de acesso à cultura, à educação e à ciência;

VI – proteger o meio ambiente e combater a poluição em qualquer de suas formas;

VII – preservar as florestas, a fauna e a flora;

VIII – fomentar a produção agropecuária e organizar o abastecimento alimentar;

IX – promover programas de construção de moradias e a melhoria das condições habitacionais e de saneamento básico;

X – combater as causas da pobreza e os fatores de marginalização, promovendo a integração social dos setores desfavorecidos;

XI – registrar, acompanhar e fiscalizar as concessões de direitos de pesquisa e exploração de recursos hídricos e minerais em seus territórios;

XII – estabelecer e implantar política de educação para a segurança do trânsito.

(BRASIL. Constituição Federal de 1988, grifos nossos)

Embora a União, no caso, o Governo Federal, compartilhe com os estados, com o Distrito Federal e com os municípios em relação às propostas de inclusão social, conforme citado no art. 23, é importante ressaltar a existência de uma atuação centralizada no âmbito federal. Esse fato é interessante, pois possibilita uma única legislação.

2. Garantia da cultura

Art. 215. O Estado garantirá a todos o pleno exercício dos direitos culturais e acesso às fontes da cultura nacional, e apoiará e incentivará a valorização e a difusão das manifestações culturais.

(BRASIL. Constituição Federal de 1988)

É impossível falar em multicultura e valorização do indivíduo sem citar a garantia da cultura e a participação do poder público nesse processo. O art. 215 da Constituição Federal garante esse direito; no entanto, para que isso possa ocorrer de fato, é necessária uma legislação complementar, além de políticas públicas afirmativas.

3. Povos indígenas

Art. 231. São reconhecidos aos índios sua organização social, costumes, línguas, crenças e tradições, e os direitos originários sobre as terras que tradicionalmente ocupam, competindo à União demarcá-las, proteger e fazer respeitar todos os seus bens.

Art. 232. Os índios, suas comunidades e organizações são partes legítimas para ingressar em juízo em defesa de seus direitos e interesses, intervindo o Ministério Público em todos os atos do processo.

(BRASIL. Constituição Federal de 1988)

Na Constituição Federal é citado o reconhecimento da organização social indígena, assim como suas línguas, crenças, tradições e os direitos relativos às suas terras. Da mesma forma dos outros direitos citados, necessita-se de leis, normatizações e políticas públicas que garantam de fato os direitos dos povos indígenas.

15.5 A IMPORTÂNCIA DE CONHECER A MULTICULTURA E AS POLÍTICAS AFIRMATIVAS

Os funcionários e gestores das empresas públicas e privadas e a sociedade em geral devem conhecer as políticas de ação afirmativa e os direitos relativos aos aspectos multiculturais e inclusivos, pois:

- Influenciam as ações das empresas que devem seguir a Constituição Federal, assim como outras legislações que afetam essas instituições.
- Fazem parte do conhecimento necessário para a formação do cidadão, pois é importante conhecer a formação étnico-racial do seu país, não apenas para evitar problemas legais, mas para a construção de uma sociedade melhor e mais justa, além de possibilitar valorizar sua identidade e suas raízes.

Nessa perspectiva, o conhecimento é um instrumento fundamental para a construção de uma sociedade mais justa e é consciente da necessidade de implantação de projetos e políticas públicas que apresentem, como objetivo essencial, a diminuição das diferenças.

15.6 AÇÕES NECESSÁRIAS DAS EMPRESAS

As empresas também devem ter políticas corporativas para minimizar segregações culturais ou étnico-raciais, como:

- Prever políticas em seus Códigos de Conduta Empresarial.
- Elaborar políticas para crescimento dos diversos profissionais, não apenas a colocação profissional, mas também acesso ao conhecimento e possibilidades de desenvolvimento.
- Gerenciar e acompanhar as políticas internas inclusivas para verificar se estão sendo efetivas.
- Conhecer a legislação e procurar cumpri-las.
- Elaborar e implementar ou apoiar projetos sociais inclusivos.
- Divulgar em seus relatórios e demonstrativos dados relacionados à inclusão social.

15.7 EXERCÍCIOS

1) Em relação à sociodiversidade, é correto afirmar que:
   a) Nas diversas sociedades, constata-se a superioridade ou inferioridade de certas culturas ou traços culturais.
   b) A tecnologia propicia que cada cultura deva ser entendida, de forma única e exclusiva, de acordo com o seu nível de desenvolvimento tecnológico.
   c) Compreende a ideia de uma convivência de grupos com diferenças de valor e/ou raízes no que se refere aos aspectos culturais, históricos e sociais.
   d) Diante de um mundo globalizado que privilegie a formação de uma sociedade homogênea, a visão multiculturalista propõe integrar as diferenças.
   e) Ao julgar as diferentes culturas existentes, devemos nos pautar pela nossa realidade e buscar incorporá-los ao nosso entendimento.

2) Consiste em uma instituição multicultural:
   a) Empresa que possui diferentes culturas.

b) Empresa com pessoas de culturas diferentes, mas que as funções são determinadas conforme essa cultura.
c) Qualquer instituição com pessoas de cultura diversificada, que todos têm possibilidade de crescimento e de participação nas decisões.
d) Instituição com pessoas de diversas religiões.
e) Instituição com formação étnico-racial diversificada.

3) Se constituem nos fundamentos do estado democrático, segundo a Constituição Federal, **exceto**:
   a) A soberania e a cidadania.
   b) O controle do estado.
   c) A dignidade da pessoa humana.
   d) Os valores sociais do trabalho e da livre iniciativa.
   e) O pluralismo político.

4) Em relação à nacionalidade, à cidadania e à naturalização, às populações indígenas e à emigração e imigração, entrada, extradição e expulsão de estrangeiros, é correto afirmar que, no Brasil, compete:
   a) À União legislar.
   b) Aos Estados legislarem.
   c) Ao Distrito Federal legislar.
   d) Aos Municípios legislarem.
   e) A seguirem as normas internacionais.

5) Leia as afirmações sobre instituição multicultural e assinale a alternativa correta.
   I. A multicultura é importante para a sociedade, e as instituições devem desenvolver políticas claras.
   II. O fato de uma instituição ter funcionários ou parceiros que representam minorias garante que a instituição tem uma política multicultural.
   III. Uma instituição multicultural consiste em uma entidade que incentiva, desenvolve e partilha a diversidade de manifestações culturais presentes na sociedade.
   a) Apenas a afirmação I está correta.
   b) Apenas a afirmação II está correta.
   c) Apenas a afirmação III está correta.
   d) As afirmações I e IIII estão corretas.
   e) Todas as afirmações estão corretas.

6) Possibilitar inclusão e desenvolvimento multicultural para a sociedade é mais bem representado por qual alternativa a seguir?
   a) Consiste nas políticas de contração inclusiva.
   b) Pode se considerar políticas de contratação, seleção de fornecedores e parcerias inclusivas.
   c) São políticas inclusivas em todos os níveis e a possibilidade de desenvolvimento dessas pessoas, de forma a incluí-las nas tomadas de decisões e possibilitá-las ao crescimento.
   d) Basta não aceitar discriminação.
   e) Basta cumprir a legislação.

7) Segundo o Quadro Geral dos Povos Indígenas do Brasil, quantos povos indígenas existem no país? (Veja em: https://pib.socioambiental.org/pt/Quadro_Geral_dos_Povos. Acesso em: 17 maio 2023)
   a) 12.
   b) 35.
   c) 92.
   d) 180.
   e) Mais de 250.

8) O que são políticas de ação afirmativa?

9) Exemplifique ações afirmativas.

10) Exemplifique ações que as empresas podem realizar para minimizar as diferenças étnico-raciais.

CAPÍTULO 16

COMBATE À CORRUPÇÃO NO BRASIL

OBJETIVOS
Este capítulo apresenta algumas formas legais de combate à corrupção no Brasil.

COMPETÊNCIAS ADQUIRIDAS
- Conhecer aspectos básicos legais de combate à corrupção no Brasil.

A Lei nº 12.846/2013 foi um marco na busca da diminuição e da prevenção em relação à corrupção no Brasil. Considerando esse fato, a seguir são apresentados os aspectos principais dessa Lei.

16.1 APLICAÇÃO DA LEI Nº 12.846/2013

Essa Lei aplica-se a:

- sociedades empresariais, sociedades simples, personificadas ou não, independentemente da forma de organização ou modelo societário adotado;
- fundações;
- associações de entidades;
- pessoas, ou sociedades estrangeiras, que tenham sede, filial ou representação no território brasileiro, constituídas de fato ou de direito, ainda que temporariamente.

16.2 RESPONSABILIDADE DAS PESSOAS JURÍDICAS

A Lei nº 12.846/2013 responsabiliza as pessoas jurídicas de maneira objetiva, nos âmbitos administrativo e civil, pelos atos lesivos previstos nessa Lei praticados em seu interesse ou benefício, exclusivo ou não.

Observa-se que a Lei responsabiliza a pessoa jurídica, mas exclui a responsabilidade individual dos dirigentes, administradores ou de qualquer pessoa que seja autora, coautora ou que participe do ato ilícito.

A Lei destaca que as sociedades controladoras, controladas, coligadas ou, no âmbito do respectivo contrato, as consorciadas serão solidariamente responsáveis pela prática dos atos previstos nessa Lei, restringindo-se tal responsabilidade à obrigação de pagamento de multa e reparação integral do dano causado.

16.3 ATOS LESIVOS À ADMINISTRAÇÃO PÚBLICA NACIONAL OU ESTRANGEIRA

Conforme a Lei nº 12.846/2013, são atos lesivos à administração pública, nacional ou estrangeira, os atos praticados pelas pessoas jurídicas que atentem contra o patrimônio público nacional ou estrangeiro, contra princípios da administração pública ou contra os compromissos internacionais assumidos pelo Brasil, assim definidos no art. 5º:

I – prometer, oferecer ou dar, direta ou indiretamente, vantagem indevida a agente público, ou a terceira pessoa a ele relacionada;

II – comprovadamente financiar, custear, patrocinar ou de qualquer modo subvencionar a prática dos atos ilícitos previstos nesta Lei;

III – comprovadamente, utilizar-se de interposta pessoa física ou jurídica para ocultar ou dissimular seus reais interesses ou a identidade dos beneficiários dos atos praticados;

IV – no tocante a licitações e contratos:

a) frustrar ou fraudar, mediante ajuste, combinação ou qualquer outro expediente, o caráter competitivo de procedimento licitatório público;

b) impedir, perturbar ou fraudar a realização de qualquer ato de procedimento licitatório público;

c) afastar ou procurar afastar licitante, por meio de fraude ou oferecimento de vantagem de qualquer tipo;

d) fraudar licitação pública ou contrato dela decorrente;

e) criar, de modo fraudulento ou irregular, pessoa jurídica para participar de licitação pública ou celebrar contrato administrativo;

f) obter vantagem ou benefício indevido, de modo fraudulento, de modificações ou prorrogações de contratos celebrados com a administração pública, sem autorização em lei, no ato convocatório da licitação pública ou nos respectivos instrumentos contratuais; ou

g) manipular ou fraudar o equilíbrio econômico-financeiro dos contratos celebrados com a administração pública;

V – dificultar atividade de investigação ou fiscalização de órgãos, entidades ou agentes públicos, ou intervir em sua atuação, inclusive no âmbito das agências reguladoras e dos órgãos de fiscalização do sistema financeiro nacional.

§ 1º Considera-se administração pública estrangeira os órgãos e entidades estatais ou representações diplomáticas de país estrangeiro, de qualquer nível ou esfera de governo, bem como as pessoas jurídicas controladas, direta ou indiretamente, pelo poder público de país estrangeiro.

§ 2º Para os efeitos desta Lei, equiparam-se à administração pública estrangeira as organizações públicas internacionais.

§ 3º Considera-se agente público estrangeiro, para os fins desta Lei, quem, ainda que transitoriamente ou sem remuneração, exerça cargo, emprego ou função pública em órgãos, entidades estatais ou em representações diplomáticas de país estrangeiro, assim como em pessoas jurídicas controladas, direta ou indiretamente, pelo poder público de país estrangeiro ou em organizações públicas internacionais.

16.4 RESPONSABILIZAÇÃO ADMINISTRATIVA E SANÇÕES

Segundo o art. 6º, da Lei nº 12.846/2013, na esfera administrativa, devem ser aplicadas às pessoas jurídicas consideradas responsáveis pelos atos lesivos previstos nesta Lei as seguintes sanções:

I – multa, no valor de 0,1% (um décimo por cento) a 20% (vinte por cento) do faturamento bruto do último exercício anterior ao da instauração do processo administrativo, excluídos os tributos, a qual nunca será inferior à vantagem auferida, quando for possível sua estimação; e

II – publicação extraordinária da decisão condenatória.

Ainda, segundo a Lei, observa-se:

- A aplicação das sanções previstas nesse artigo não exclui a obrigação da reparação integral do dano causado.
- Na hipótese de não ser possível utilizar o critério do valor do faturamento bruto da pessoa jurídica, a multa será de R$ 6.000,00 (seis mil reais) a R$ 60.000.000,00 (sessenta milhões de reais), conforme decisão jurídica.

16.5 ASPECTOS CONSIDERADOS NAS SANÇÕES

Os aspectos que devem ser considerados na aplicação das sanções são:

I – gravidade da infração;

II – vantagem auferida ou pretendida pelo infrator;

III – donsumação ou não da infração;

IV – grau de lesão ou perigo de lesão;

V – efeito negativo produzido pela infração;

VI – situação econômica do infrator;

VII – cooperação da pessoa jurídica para a apuração das infrações;

VIII – existência de mecanismos e procedimentos internos de integridade, auditoria e incentivo à denúncia de irregularidades e a aplicação efetiva de códigos de Ética e de conduta no âmbito da pessoa jurídica;

IX – valor dos contratos mantidos pela pessoa jurídica com o órgão ou entidade pública lesados.

16.6 INFRAÇÕES DE ORDEM ECONÔMICA

A Lei nº 12.529/2011 estrutura o Sistema Brasileiro de Defesa da Concorrência (SBDC) e dispõe sobre a prevenção e a repressão às infrações contra a ordem econômica, orientada pelos ditames constitucionais de liberdade de iniciativa, livre concorrência, função social da propriedade, defesa dos consumidores e repressão ao abuso do poder econômico.

O SBDC é formado:

- pelo Conselho Administrativo de Defesa Econômica (CADE).
- pela Secretaria de Acompanhamento Econômico do Ministério da Fazenda.

Segundo o art. 36 da Lei nº 12.529/2011, são infrações da ordem econômica, independentemente de culpa, os atos sob qualquer forma manifestados, que tenham por objeto ou possam produzir os seguintes efeitos, ainda que não sejam alcançados:

I – Limitar, falsear ou de qualquer forma prejudicar a livre concorrência ou a livre iniciativa.

II – Dominar mercado relevante de bens ou serviços.

III – Aumentar arbitrariamente os lucros.

IV – Exercer de maneira abusiva posição dominante.

O § 3º do art. 36 da Lei nº 12.529/2011 define, ainda, que as seguintes condutas configurem infração da ordem econômica:

I – Acordar, combinar, manipular ou ajustar com concorrente, sob qualquer forma:

a) Os preços de bens ou serviços ofertados individualmente.

b) Produção ou comercialização de uma quantidade restrita ou limitada de bens ou a prestação de um número, volume ou frequência restrita ou limitada de serviços.

c) Divisão de partes ou segmentos de um mercado atual ou potencial de bens ou serviços, mediante, dentre outros, a distribuição de clientes, fornecedores, regiões ou períodos.

d) Preços, condições, vantagens ou abstenção em licitação pública.

II – Promover, obter ou influenciar a adoção de conduta comercial uniforme ou concertada entre concorrentes.

III – Limitar ou impedir o acesso de novas empresas ao mercado.

IV – Criar dificuldades à constituição, ao funcionamento ou ao desenvolvimento de empresa concorrente ou de fornecedor, adquirente ou financiador de bens ou serviços.

V – Impedir o acesso de concorrente às fontes de insumo, matérias-primas, equipamentos ou tecnologia, bem como aos canais de distribuição.

VI – Exigir ou conceder exclusividade para divulgação de publicidade nos meios de comunicação de massa.

VII – Utilizar meios enganosos para provocar a oscilação de preços de terceiros.

VIII – Regular mercados de bens ou serviços, estabelecendo acordos para limitar ou controlar a pesquisa e o desenvolvimento tecnológico, a produção de bens ou prestação de serviços, ou para dificultar investimentos destinados à produção de bens ou serviços ou à sua distribuição.

IX – Impor, no comércio de bens ou serviços, a distribuidores, varejistas e representantes preços de revenda, descontos, condições de pagamento, quantidades mínimas ou máximas, margem de lucro ou quaisquer outras condições de comercialização relativos a negócios destes com terceiros.

X – Discriminar adquirentes ou fornecedores de bens ou serviços por meio da fixação diferenciada de preços, ou de condições operacionais de venda ou prestação de serviços.

XI – Recusar a venda de bens ou a prestação de serviços, dentro das condições de pagamento normais aos usos e costumes comerciais.

XII – Dificultar ou romper a continuidade ou desenvolvimento de relações comerciais de prazo indeterminado em razão de recusa da outra parte em submeter-se a cláusulas e condições comerciais injustificáveis ou anticoncorrenciais.

XIII – Destruir, inutilizar ou açambarcar matérias-primas, produtos intermediários ou acabados, assim como destruir, inutilizar ou dificultar a operação de equipamentos destinados a produzi-los, distribuí-los ou transportá-los.

XIV – Açambarcar ou impedir a exploração de direitos de propriedade industrial, intelectual ou de tecnologia.

XV – Vender mercadoria ou prestar serviços injustificadamente abaixo do preço de custo.

XVI – Reter bens de produção ou de consumo, exceto para garantir a cobertura dos custos de produção.

XVII – Cessar parcial ou totalmente as atividades da empresa sem justa causa comprovada.

XVIII – Subordinar a venda de um bem à aquisição de outro ou à utilização de um serviço, ou subordinar a prestação de um serviço à utilização de outro ou à aquisição de um bem.

XIX – Exercer ou explorar abusivamente direitos de propriedade industrial, intelectual, tecnologia ou marca.

SAIBA MAIS

Conheça a Lei nº 12.529/2011, disponível em: http://www.planalto.gov.br/ccivil_03/_Ato2011-2014/2011/Lei/l12529.htm. Acesso em: 19 jan. 2023.

16.7 ACORDO DE LENIÊNCIA

Leniência é um substantivo feminino que significa lentidão, leveza, suavidade, doçura, mansidão, ou seja, algo manso.

O acordo de leniência é muito importante em investigações, porém ocorre apenas quando o acusado está envolvido em um processo criminal da categoria econômica.

O acordo de leniência busca restituir ou reparar possíveis prejuízos causados por atos ilícitos; assim, o acusado deverá fornecer informações a fim de contribuir na solução de fraudes ou na captura de outros criminosos.

O que é o acordo de leniência?

A Lei nº 12.846/2013 define que a autoridade máxima de cada órgão ou entidade pública poderá celebrar acordo de leniência com as pessoas jurídicas responsáveis pela prática dos atos previstos nesta Lei que colaborem efetivamente com as investigações e o processo administrativo, e que dessa colaboração resulte:

I – a identificação dos demais envolvidos na infração, quando couber; e

II – a obtenção célere de informações e documentos que comprovem o ilícito sob apuração.

Os acordos de leniência podem ser:

- por infrações de ordem econômica;
- anticorrupção;
- sobre Infrações em licitações.

Por aceitar o acordo, o acusado pode receber uma amenização das suas penas determinadas.

SAIBA MAIS

Conheça a Lei nº 12.846/2013, disponível em: http://www.planalto.gov.br/ccivil_03/_ato2011-2014/2013/lei/l12846.htm. Acesso em: 17 jun. 2023.

16.8 EXERCÍCIOS

1) Leia as afirmações sobre a Lei nº 12.846/2013 e assinale a alternativa correta.
   - I. Não contempla associações de entidades.

II. Foi um marco na busca da diminuição e da prevenção em relação à corrupção no Brasil.
III. Abrange diferentes tipos de sociedade.

a) Apenas a afirmação I está correta.
b) Apenas a afirmação II está correta.
c) As afirmações I e III estão corretas.
d) As afirmações II e III estão corretas.
e) Todas as afirmações estão corretas.

2) Assinale a afirmação verdadeira sobre a Lei nº 12.846/2013.

a) Não contempla fundações.
b) Abrange pessoas, ou sociedades estrangeiras, que tenham sede, filial ou representação no território brasileiro, constituídas de fato ou de direito, ainda que temporariamente.
c) Não tem relevância.
d) Por uma questão de legalidade internacional, não abrange sociedades estrangeiras que estão constituídas em território nacional.
e) Não responsabiliza as pessoas jurídicas de forma objetiva, nos âmbitos administrativo e civil, pelos atos lesivos previstos nessa Lei e praticados em seu interesse ou benefício, exclusivo ou não.

3) A Lei nº 12.846/2013, ao abordar a prática de atos contra a administração pública, nacional ou estrangeira, administrativa e civil de pessoas jurídicas, responsabiliza de forma objetiva:

a) Todos os dirigentes.
b) Nenhum dos dirigentes.
c) A pessoa jurídica e os dirigentes ou administradores, que serão responsabilizados por atos ilícitos na medida da sua culpabilidade.
d) Responsabiliza todos os funcionários autores ou coautores.
e) Não responsabiliza pessoas físicas e nem jurídicas.

4) A Lei nº 12.846/2013 define quais atos lesivos à administração pública, nacional ou estrangeira?

a) Os atos praticados pelas pessoas jurídicas que atentem contra o patrimônio público nacional ou estrangeiro, contra princípios da administração pública ou contra os compromissos internacionais assumidos pelo Brasil.
b) Os atos praticados pelas pessoas físicas que atentem contra o patrimônio público nacional ou estrangeiro, contra princípios da administração pública ou contra os compromissos internacionais assumidos pelo Brasil.
c) Os atos praticados pelas pessoas jurídicas que atentem contra o patrimônio privado ou contra princípios da administração pública.
d) Os atos praticados pelas pessoas jurídicas que não atentem contra o patrimônio público nacional ou estrangeiro, contra princípios da administração pública ou contra os compromissos internacionais assumidos pelo Brasil.
e) Os atos praticados pelas pessoas jurídicas que atentem contra outras pessoas jurídicas.

5) São atos lesivos à administração pública, nacional ou estrangeira, **exceto**:

a) Criar, de modo fraudulento ou irregular, pessoa jurídica para participar de licitação pública ou celebrar contrato administrativo.

b) Fraudar licitação pública ou contrato dela decorrente.
c) Frustrar ou fraudar, mediante ajuste, combinação ou qualquer outro expediente, o caráter competitivo de um procedimento licitatório público.
d) Prometer, oferecer ou dar, direta ou indiretamente, vantagem indevida a agente público, ou a terceira pessoa a ele relacionada.
e) Atrasar pagamento de tributo.

6) Para definir a sanção de um ato lesivo, conforme a Lei nº 12.846/2013, **não** é considerado:
a) A situação econômica do infrator.
b) A região do Brasil que reside o infrator.
c) A gravidade da infração.
d) A consumação ou não da infração.
e) O efeito negativo produzido pela infração.

7) A seguir, são citados atos que, independentemente de culpa, sob qualquer forma manifestados, que tenham por objeto ou possam produzir os efeitos citados nas alternativas a seguir, ainda que não sejam alcançados são considerados infrações contra a ordem econômica, **exceto**:
a) Aumentar arbitrariamente os lucros.
b) Exercer de forma abusiva posição dominante.
c) Dominar mercado relevante de bens ou serviços.
d) Limitar, falsear ou prejudicar, de qualquer forma, a livre concorrência ou a livre iniciativa.
e) Ter prejuízos por infrações causadas pela concorrência.

8) Leia as afirmações sobre o acordo de leniência e assinale a alternativa correta.
   I. O acordo não tem o objetivo de restituir ou reparar possíveis prejuízos causados por atos ilícitos, e o acusado deve fornecer informações a fim de contribuir na solução de fraudes ou na captura de outros criminosos.
   II. É muito importante em investigações, porém ocorre apenas quando o acusado está envolvido em um processo criminal da categoria econômica.
   III. Leniência é um substantivo feminino que significa lentidão, leveza, suavidade, doçura, mansidão, ou seja, algo manso.
a) Apenas a afirmação I está correta.
b) Apenas a afirmação II está correta.
c) As afirmações I e III estão corretas.
d) As afirmações II e III estão corretas.
e) Todas as afirmações estão corretas.

9) Estudo de Caso[1] – Divulgação das empresas brasileiras em relação ao combate à corrupção

[...] [Apenas] 74% das empresas brasileiras divulgam suas políticas de integridade e combate à corrupção. [...] É importante que exista monitoramento externo das práticas de integridade de empresas pela sociedade, mas hoje a gente ainda acredita que a sociedade civil prioriza muito mais a corrupção no setor público do que no setor privado. [...]

---

[1] Fonte: Controladoria Geral do Distrito Federal. Disponível em: http://www.cg.df.gov.br/estudo-revela-que-74-das-empresas-brasileiras-divulgam-suas-politicas-de-integridade-e-combate-a-corrupcao/. Acesso em: 19 jan. 2023.

O estudo foi feito em parceria com a Fundação Getúlio Vargas e a Faculdade de Direito do Rio de Janeiro. Um dos pontos analisados foi se as empresas estão adotando voluntariamente práticas de integridade, para garantir que suas ações comerciais sejam voltadas por princípios éticos. Um dos quesitos nessa área foi a transparência de suas informações financeiras e societárias. [...]

Por isso, acreditamos que as empresas devem publicar o maior nível de informações possíveis sobre suas atividades, especificamente informações financeiras e informações societárias. [...]

Para isso, foi realizado outro estudo, chamado de Transparência em Relatórios Corporativos. Os resultados foram: 74% das empresas brasileiras, nesse roll estão as 100 maiores empresas do Brasil, divulgam suas políticas de Compliance e compromisso contra corrupção. Além disso, 58% divulgam suas informações societárias e 3% divulgam informações financeiras. [...]

[...] as grandes empresas vêm adotando boas políticas de integridade, mas ainda falta foco na implementação das práticas, para que se tornem realidade no dia a dia dos funcionários da corporação. [...]

Para ilustrar o quanto as empresas ainda podem melhorar na adoção de práticas de integridade, ele apresentou dados do programa Pró-Ética da Controladoria-Geral da União (CGU). Das 475 empresas que solicitaram certificação da CGU, acreditando que seus programas eram adequados, só 23 foram aprovadas. [...]

O estudo aborda ainda até que ponto o setor público e o estado estão adotando medidas adequadas para evitar e combater a corrupção no setor empresarial, e se a sociedade civil está interessada em cobrar práticas de integridade e combate à corrupção nas empresas. [...]

Perguntas:
a) O que falta para que as empresas aumentem ainda mais o combate à corrupção?
b) Quais mecanismos serão necessários para que se avance na aplicação de uma legislação que minimize ao máximo a corrupção nas empresas, sejam elas públicas ou privadas?
c) Será preciso implementar ainda mais as práticas de *compliance* nas empresas e tomar decisões mais duras para todos os envolvidos em uma fraude de corrupção?

RESPOSTAS DOS EXERCÍCIOS

1. CONCEITO DE ÉTICA
1.5
1) B
2) D
3) C
4) E
5) A
6) C
7) D
8) E
9) Há vários exemplos, como os citados a seguir.
   - Um profissional necessita fazer uma venda e omite algumas informações sobre o produto ou a empresa solicita esse comportamento para ele.
   - Uma nova doença, ou mesmo antiga, possibilita discussões éticas em aspectos como a utilização de animais para pesquisa ou lucros altos sobre os remédios, considerando o investimento de pesquisa, produção e distribuição. Também pode incentivar discussões como: a pesquisa deve ser para a prevenção ou para a cura das doenças?
   - Uma empresa está com dificuldades financeiras e precisa demitir. Está em dúvida entre demitir um profissional muito produtivo, um que a família necessita muito do seu trabalho ou o que durante anos demonstrou fidelidade à empresa.
10) Estudo de Caso – Empresa KVamos: você faria o evento?

    É uma situação polêmica. Fazer o evento será bom para a cidade, para os investidores, além de ser excelente para os funcionários, para os sócios da empresa. Até para os detentores da marca KVamos será bom, pois eles correm o risco de perder uma franquia.

    O fato é que, ao assinar o contrato, devem considerar as condições:
    a) Não, pois há um contrato. A empresa pode fazer um distrato e não representar mais a empresa. Precisa avaliar cada situação.
    b) Se realizou, não deveria. O correto para minimizar o fato é enviar um documento justificando os motivos que levaram a fazer o evento.
    c) Não, pois há um contrato. Além do aspecto ético, poderá ter problemas jurídicos.

2. DESAFIOS DAS INSTITUIÇÕES EM RELAÇÃO À ÉTICA CORPORATIVA
2.2
1) B
2) C
3) E

4) A
5) D
6) C
7) D
8) A
9) Fórum: WhatsApp
   a) É necessário ter cuidado, porque muitas pessoas, principalmente ao estarem em um grupo, estão motivadas por uma temática ou por um comportamento. É comum receberem mensagens que estimulam uma reação de revolta ou que expressam algo que não pensam, mas devido à motivação do grupo, repassam, além de correrem risco de repassar *fake news*.
   b) Por não estarem em uma situação presencial e pelo fato de a resposta ser no ato, as pessoas tendem a agir de maneira mais inconsequente e, às vezes, até de forma mais irresponsável. É evidente que isso não ocorre com todos, mas temos que ter cuidado com as nossas atitudes.
   c) Essa pergunta é uma reflexão individual. Muitas pessoas mudam o conteúdo do discurso até quando mudam de grupo. O fato de estar nas redes sociais não nos permite falta de respeito, pois ainda temos responsabilidade pelo conteúdo.
10) Estudo de Caso – Empresa Dose Tripla: regra é para todos
    a) Sim, com ações como:
       - Desenvolver em conjunto com os profissionais um Código de Conduta que refletisse a Ética e a missão empresarial.
       - Clareza nos objetivos da empresa e com políticas que deixassem evidente para todos os direitos e os deveres.
       - Registro de aspectos comportamentais relevantes, a fim de analisar histórico.
       - Reuniões e atividades periódicas a fim de rever as políticas éticas e aumentar o comprometimento de todos.
    b) Não, principalmente por não ter histórico de indisciplina; dois eram bem antigos e não há políticas éticas formalizadas na empresa.
    c) A empresa fez estudo de custos, mas não estudou o que esses profissionais podem agregar de valor. Além de terem um bom histórico, são pessoas que podem continuar a dar resultados. Contratar profissionais não é fácil, por aspectos éticos e comportamentais. Demitir pode, inclusive, impactar negativamente a imagem institucional e o comportamento dos outros profissionais, que podem entender que a empresa não transmite segurança nas relações empregatícias.

3. AS CINCO DIMENSÕES DA ÉTICA

3.8
1) E
2) A
3) C
4) B
5) D

RESPOSTAS DOS EXERCÍCIOS 147

6) B
7) C
8) D
9) Fórum: inovação

   Há diversas empresas, como o Google, empresas da área médica, Netflix, Instagram, empresas de telefonia, entre outras.
10) Debate: Google.

    Exemplo:
    a) A forma de pesquisa na *web* foi o primeiro produto desenvolvido, mas é possível citar outros, como o YouTube e o Tradutor.
    b) Ao abordar produtos, muitas vezes suas inovações se confundem com as do processo. O próprio buscador ou outras ferramentas "aprendem" diariamente com os processos de utilização, ou seja, o próprio cliente melhora o produto.
    c) Também é possível citar vários aspectos, como as formas de interatividade e de oferta de produtos, tornando-se uma empresa que oferece facilidades ou que cria necessidades, causando, muitas vezes, dependência nas pessoas.
    d) As sedes do Google também são muito inovadoras, com políticas modernas, ambientes compartilhados e formas de controle e cobrança voltadas para resultado.

4. CONSTRUÇÃO E IMPLANTAÇÃO DE CÓDIGO DE CONDUTA INSTITUCIONAL

4.3

1) B
2) E
3) D
4) C
5) C
6) A
7) B
8) D
9) Estudo de Caso – 5G. Melhor, mais rápido, menos sustentável, menos seguro?

   a)

   I – "Mas o que as pessoas não percebem é que a construção das redes 5G será um grande empreendimento de infraestrutura, repleto de obstáculos regulatórios e práticos. Por exemplo, como as operadoras vão construir uma rede completa ao lado da rede 4G já existente que acabaram de construir? Onde eles vão colocar essas novas antenas? Quanto vai custar e quem pagará?"

   Há conflitos éticos. Como será regulada a licitação e o que se fará com os objetos que não serão mais usados? Como será o descarte? Como terá utilização de dinheiro público, qual a melhor forma de fazer essa gestão?

   II – "O 5G parece ótimo até você perceber que seus dispositivos atuais não têm a capacidade de utilizá-lo e, provavelmente, você precisará atualizar tudo, desde o telefone até a campainha inteligente. Onde é que toda essa tecnologia perfeitamente boa acaba depois que você se desfaz dela?"

O que acontecerá com o descarte desses produtos? As pessoas que gastaram para os adquirir serão prejudicadas?

III – "E as áreas rurais, que ainda poderiam se beneficiar da expansão e atualização das redes 4G? Algumas áreas ainda não têm velocidades de *download* de 10 Mbps LTE, então até que ponto elas serão deixadas na poeira pelas atualizações que, sem dúvida, começarão nas áreas urbanas? Nós já temos uma divisão digital – quanto maior queremos fazer?"

Inclusive, as pessoas das áreas rurais pagarão os tributos que irão custear a tecnologia? É justo? Como será feito?

IV – "O 5G também criará uma demanda crescente por energia. Raramente pensamos em quanta energia usamos quando assistimos televisão via Wi-Fi, mas é muito. 30% da eletricidade dos EUA e 40% da eletricidade global ainda vem do carvão, e as fontes de energia renováveis não conseguem acompanhar as demandas atuais. As tecnologias 5G podem nos ajudar a criar mais tecnologia verde, mas não antes de aumentarmos fortemente nossa dependência do carvão. Embora esse tópico seja frequentemente politizado a ponto de não ser útil, é importante notar que nossa energia tem que vir de algum lugar."

Essa reflexão é fundamental, não só porque há riscos de acabar com fontes não renováveis, como também a alteração do mercado impacta em empregabilidade e produção.

V – "Por exemplo, se pudermos construir um enorme banco de dados em tempo real de informações de saúde que pode salvar a vida das pessoas independentemente de onde estejam no mundo, precisamos garantir que as informações estejam seguras primeiro (e enquanto os avanços na tecnologia *blockchain* podem ser úteis, eles trazem a questão da energia mais uma vez).

Antes de construirmos todos os novos brinquedos e nos envolvermos na última temporada do Black Mirror, faríamos bem em pré-lançar as medidas de segurança."

Atualmente, estamos na Era da Informação. Como ficam os dados das pessoas? Qual a vulnerabilidade do sistema?

b) Inicialmente, o Estado e os empresários estão envolvidos, mas toda a sociedade tem responsabilidade, pois se trata de interesse público.

c) É justo, ético e moral. O dilema é que, dependendo de como for elaborado, acrescido ou instituído, esse tributo poderá não ser justo, ético ou moral. Portanto, é necessário refletir e elaborar políticas que possibilitem a utilização de recursos da maneira mais justa, principalmente para as pessoas mais vulneráveis, como menores, deficientes, desempregados, minorias e outros.

d) Muitas tecnologias podem ser citadas, como o telefone, que introduziu determinados trotes e golpes, e a internet, que possibilitou, inclusive, a pedofilia *on-line*. Isso não significa que se deva ir contra as tecnologias, mas a sociedade precisa ter claro que inovação pode causar novos dilemas éticos e, por isso, devemos estudar e estar alerta sempre para, se possível, prevenir.

5. COMPONENTES E ABRANGÊNCIA DO CÓDIGO DE CONDUTA EMPRESARIAL

5.3

1) A
2) E

3) B
4) D
5) E
6) D
7) C
8) C
9) Nessa atividade, o objetivo é que se busque três Códigos de Conduta e compare. Exemplo de como preencher o quadro, com uma empresa fictícia:

Empresa 1
Empresa X S/A
Pessoas abrangidas
Citar todas as pessoas mencionadas no Código: Clientes   Fornecedores   Funcionários   Alta gestão   Imprensa   Terceirizados
Assuntos abordados
Whistleblower ou delator   Prevenção e tratamento de fraudes   Pagamentos ou recebimentos questionáveis ou recebimento de presentes e favorecimentos   Doações   Atividades políticas   Cumprimento das leis e pagamento de tributos   Operações com partes relacionadas   Uso de ativos da organização   Processos judiciais e arbitragem   Direito à privacidade   Nepotismo   Meio ambiente   Discriminação no ambiente de trabalho, exploração do trabalho adulto ou infantil e assédio moral ou sexual   Segurança no trabalho   Relações com a comunidade   Uso de álcool e drogas
***Link* do site em que obteve a informação**
Citar o *link*.

10) Estudo de Caso – Ética para área comercial
   a) Não, porque não teve a participação de todos, comprometendo as diversas áreas e os diferentes níveis hierárquicos.
   b) O Código foi direcionado para a área comercial e deveria ser elaborado com foco em todas as áreas, inclusive abordando relações externas à instituição.
      - Havia plano de sensibilização e forma de acompanhamento e controle de comportamento apenas da área comercial e para os vendedores. O correto é ter em todos os níveis e áreas.
      - Em um possível problema comportamental, a punição, ainda que dependa do caso e da maneira de regular e implantar, deve alcançar todos os envolvidos e culpados para que seja justa e legal, e não apenas os vendedores.
      - Caso os vendedores sejam bem avaliados e não tenham problemas, apenas os diretores recebem o bônus. Isso não têm coerência e pode desmotivar os outros.
   c) Nenhuma proposta de motivação foi apresentada. Pode haver medo devido à punição, e esse fator pode ser um aspecto de fracasso do plano, incentivando que bons profissionais busquem a concorrência.

6. ORIGEM DOS DEMONSTRATIVOS DE NATUREZA SOCIAL, AMBIENTAL E ECONÔMICO-FINANCEIRA

6.3
1) D
2) B
3) C
4) E
5) A
6) C
7) D
8) O objetivo é despertar interesse por projetos ambientais e observar que muitas empresas já desenvolvem projetos.
9) Estudo de Caso – Projeto social
   a) Agiu corretamente em incentivar um programa social, mas o programa de bônus nesse formato não foi uma decisão correta, pois a opção de alguns em não participar impacta no bônus coletivo.
   b) A premiação poderia ser individual ou para pessoas não vinculadas à empresa.
   c) Não é justa para profissionais dedicados, principalmente se em sua equipe tiver profissionais que não podem colaborar no momento ou que não estejam sensibilizados pela causa.

7. RELATO INTEGRADO

7.6
1) C
2) A

3) B
4) E
5) D
6) B
7) E
8) A
9) A
10) Estudo de Caso – Relato Integrado da Boyle
    a) Sim, pois integra:
    - diversos níveis da cadeia de produção, desde fornecedores até clientes;
    - aspectos sociais, ambientais e econômicos.
    b) Estão presentes princípios como:
    - **Foco estratégico e orientação para o futuro:** pode ser percebido ao afirmar que expõe claramente suas estratégias e estrutura de negócio, e de como ela se relaciona com o objetivo de criar valor para a empresa e para o público externo.
    - **Conectividade da informação:** integra aspectos sociais, ambientais e econômicos, com divulgações demonstrando transparência e incluindo informações de diferentes capitais.
    - **Relações com partes interessadas:** a divulgação das informações que não são obrigatórias de maneira tão ética e completa demonstra a relação com partes interessadas.
    - **Materialidade:** conforme descrito no texto, divulgar diversas informações sobre assuntos que afetam, de maneira significativa, a capacidade da organização, agregando valor.
11) Fórum: diferença entre os capitais

    Essa pergunta se deve ao fato de que é possível confundir os conceitos. O capital intelectual está relacionado aos registros que dão à organização a titularidade do conhecimento, como registro de software, patentes, direitos autorais e outros. O capital humano, por sua vez, consiste nas competências, habilidades e experiências das pessoas, como aprendizados, forma de liderança e de coordenação de processos.

8. A NECESSIDADE DE CONSTRUÇÃO DE INDICADORES

8.12

1) D
2) C
3) B
4) E
5) D
6) D
7) A

8) Atividade: indicadores

A seguir, alguns exemplos:

Indicador	Unidade	Forma de análise
Tempo de atendimento	Minutos	Quanto menor, melhor
Perda de alimentos	kg ou número de vezes que desperdiça	Quanto menor, melhor
Satisfação do cliente	Questionário respondido pelos clientes	Quanto mais alto, melhor. Pode ter vários índices, como qualidade, tempero, atendimento e outros
Quantidade de reclamações	Número de reclamações	Quanto menor, melhor
Retorno do cliente	Por meio de um plano de fidelização, controlar o número de retorno	Número de clientes que retornam no mesmo mês
Novos clientes	Por meio de um plano de fidelização, controlar quem são os novos clientes	Quanto mais, melhor
Absenteísmo dos funcionários	Número de faltas	Quanto menor, melhor
Atrasos	Minutos de atraso por semana	Quanto menos, melhor

9) Atividade: comparativo entre os capitais

Pesquise no Google: "Relato Integrado". Há relatórios de diversas empresas. Eles são longos, mas é possível localizar os indicadores de cada capital.

9. AVALIAÇÃO DE SUSTENTABILIDADE

9.4

1) C
2) A
3) E
4) D
5) B
6) A
7) E
8) C
9) Estudo de Caso – Empresa do segmento bancário

Para o Itaú poder gerar a captação de recursos ou parceiros para novos e antigos negócios. O ISE consegue melhorar a imagem institucional para os públicos interno e externo, e até influir no valor das ações e na confiabilidade da empresa.

10. CONCEITO E MODELO DE GOVERNANÇA CORPORATIVA

10.4

1) E
2) A
3) C
4) B
5) D
6) A
7) B
8) D
9) C
10) Estudo de Caso – Governança Corporativa em empresa do segmento de centrais elétricas

- **Transparência:** divulga três relatórios anuais: de gestão, de administração e de responsabilidade socioambiental e das demonstrações financeiras; além disso, tem canais abertos de comunicação, a ouvidoria e a preocupação em ter um diálogo aberto com seu público interno.
- **Equidade:** em sua conduta ética, a empresa adota o princípio da equidade; em estrutura formal, observa-se um comitê destinado a promover a igualdade de raça e gênero.

    Ainda, tem cinco comitês que trabalham com questões que visam à sustentabilidade do negócio, tanto na dimensão econômica quanto nas dimensões social e ambiental, refletindo o princípio da responsabilidade corporativa.
- **Prestação de contas (*accountability*):** a empresa investe na transparência de suas informações, cuida dos interesses dos *stakeholders*, preocupa-se com a satisfação dos seus clientes e nas boas práticas de Governança Corporativa.
- **Responsabilidade corporativa:** tem políticas de governança, pois a companhia tem um colegiado, definido pela Lei nº 6.404 referente às Sociedades por Ações, composto de: assembleia geral dos acionistas, conselho fiscal, conselho de administração e diretoria executiva, que decidem e fiscalizam seus negócios. Na hierarquia, sua auditoria interna encontra-se no mesmo nível do comitê de sustentabilidade empresarial, e todos os órgãos têm sua função claramente definida. Além da auditoria independente, há uma Coordenadoria de Gestão dos Processos e Riscos.

11. O FUTURO DA GOVERNANÇA CORPORATIVA E DAS POLÍTICAS ÉTICAS

11.9

1) D
2) B
3) E
4) A
5) C
6) B

7) C
8) E
9) Fórum: transparência

   Este Fórum tem o objetivo de discutir de forma aberta a percepção dos alunos sobre a temática. Pode ser abordada a transparência das diversas instituições públicas e privadas.

10) Estudo de Caso – Questões Éticas e conduta enraizadas nas instituições

    Acreditamos que sim, pois, além do aspecto humano e social, há outros motivos, como:
    - Legislação mais severa e abrangente, buscando cobrar e contribuir com a transparência;
    - Instrumentos contábeis cada vez mais internacionalizados, portanto globalizados, com estruturas mais complexas.
    - Ferramentas administrativas e sistemas de informação mais sofisticados, dinâmicos, capazes de acompanhar e controlar com precisão.
    - Órgãos e práticas de controle da sociedade muito diversificadas e integradas.

12. PROPOSTA DE GOVERNANÇA CORPORATIVA PARA MICROENTIDADES E PEQUENAS EMPRESAS

12.5
1) D
2) B
3) D
4) B
5) Fórum: entrevista a um empresário

   Os objetivos deste Fórum são:
   - Observar que há muitas necessidades para melhoria da transparência e da Ética das empresas.
   - Obter bons exemplos de empresas.

13. *COMPLIANCE*

13.8
1) A
2) B
3) E
4) B
5) C
6) D
7) E
8) D

9) Fórum: relatórios de *compliance*

O objetivo da pesquisa é possibilitar a familiarização com os relatórios de *compliance*. Há vários, principalmente de bancos e outras empresas de investimento.

14. POLÍTICAS DE GESTÃO INCLUSIVA

14.9

1) B
2) C
3) E
4) A
5) B
6) A
7) C
8) C
9) D
10) Estudo de Caso – Empresa do segmento de prestação de serviços na área da saúde com Código de Conduta que abrange a inclusão social
    a) Sim, pois tem diretrizes e princípios, abrange diferentes envolvidos ou interessados, contempla vários níveis e áreas, além de ter políticas éticas e legais de sanção.
    b) Não, pois não contempla políticas de orientação, treinamento e políticas de recrutamento e desenvolvimento inclusivas.
11) Fórum: projetos de inclusão social

    O objetivo da pesquisa é possibilitar a familiarização com projetos de inclusão social. A atividade possibilita que os envolvidos verifiquem projetos muito diferentes e com propostas inovadoras.
12) Estudo de Caso – PCDs em empresa no interior de São Paulo

    A empresa:
    - Cumpre a Lei de Cotas – destaca-se, porém, que é obrigação, inclusive está sujeita à multa, caso não contrate.
    - Incentiva programa inovador de formação que inclui profissionais deficientes.
    - Realiza parcerias com uma escola de capacitação técnica nas áreas de informática, mecânica e elétrica.
    - Realiza a inclusão efetiva oferecendo, inclusive, infraestrutura, não se limitando apenas a cumprir a Lei.

15. A ÉTICA E A MULTICULTURA CORPORATIVA – ASPECTOS MULTICULTURAIS DA FORMAÇÃO DO POVO BRASILEIRO

15.7

1) C
2) C

3) B
4) A
5) D
6) C
7) E
8)
Há diversas ações, entre elas:
- Planejamento da infraestrutura.

São medidas especiais tomadas ou determinadas pelo Estado, espontâneas ou compulsoriamente, em benefício de pessoas pertencentes a grupos discriminados e vitimados pela exclusão socioeconômica no passado ou no presente, para minimizar diferenças e injustiças históricas.

9)
- Bolsas em universidades públicas ou privadas, concedidas por meio de políticas públicas como Prouni, ou programas estaduais ou municipais.
- Cotas de vagas para alunos oriundos integralmente do ensino médio público, em cursos regulares ou da educação de jovens e adultos.
- Direitos assegurados pelo Estatuto da Igualdade Racial.

10)
As empresas podem realizar diversas ações, entre elas:
- Prever políticas em seus Códigos de Conduta Empresarial.
- Elaborar políticas para crescimento dos diversos profissionais, não apenas a colocação profissional, mas também acesso ao conhecimento e possibilidades de desenvolvimento.
- Gerenciar e acompanhar as políticas internas inclusivas para verificar se estão sendo efetivas.
- Conhecer a legislação e buscar cumpri-las.
- Elaborar e implementar ou apoiar projetos sociais inclusivos.
- Divulgar em seus relatórios e demonstrativos dados relacionados à inclusão social.

16. COMBATE À CORRUPÇÃO NO BRASIL

16.8

1) D
2) B
3) C
4) A
5) E
6) B
7) E
8) D

9) Estudo de Caso – Divulgação das empresas brasileiras em relação ao combate à corrupção
   a) Falta maior acompanhamento e controle, e melhora nos instrumentos de contabilização e auditoria.
   b) A pergunta é subjetiva, mas é possível sugerir:
      - Obrigar que as empresas brasileiras divulguem suas políticas de integridade e combate à corrupção, principalmente com porte médio e grande.
      - Melhorar os instrumentos de Governança Corporativa, como os conselhos terem mecanismos mais efetivos de acompanhamento e controle.
      - Implementar as políticas de *compliance* ou criar mecanismos de acompanhamento e controle dessas políticas.
      - Desenvolver mecanismos de Governança Corporativa para empresas de porte médio.
   c) O ideal é que as políticas e práticas institucionais sejam preventivas, evitando os possíveis problemas. Sempre é importante rever tais práticas a fim de melhorar ou de incorporar novas realidades e situações. Adicionado a esses aspectos, observa-se que há muito que melhorar, não apenas em relação à transparência, mas também, e principalmente, em relação às fraudes aos órgãos públicos ou outros tipos de fraude. A punição é um aspecto relevante, mas necessita de previsão e de ser em conformidade à legislação.

REFERÊNCIAS

ASSOCIAÇÃO BRASILEIRA DE NORMAS TÉCNICAS (ABNT). Disponível em: https://www.abntonline.com.br/sustentabilidade/Rotulo/Default. Acesso em: 24 set. 2022.

ASSOCIAÇÃO BRASILEIRA DE NORMAS TÉCNICAS (ABNT). *O que é rótulo ecológico*. Disponível em: https://www.abntonline.com.br/sustentabilidade/Rotulo/rotulo#:~:text=O%20R%C3%B3tulo%20Ecol%C3%B3gico%20ABNT%20%C3%A9,a%20preserva%C3%A7%C3%A3o%20do%20meio%20ambiente. Acesso em: 22 abr. 2023.

BANCO NACIONAL DE DESENVOLVIMENTO SOCIAL (BNDS). Disponível em: https://www.bndes.gov.br/wps/portal/site/home/conhecimento/noticias/noticia/relato-integrado. Acesso em: 27 jan. 2019.

BM&F BOVESPA. Disponível em: http://www.bmfbovespa.com.br/pt_br/produtos/indices/indices-de-sustentabilidade/indice-de-sustentabilidade-empresarial-ise.htm. Acesso em: 30 de jan. 2019.

BRASIL BOLSA BALCÃO (B3). Disponível em: http://www.b3.com.br/pt_br/b3/sustentabilidade/nas-empresas/relate-ou-explique/. Acesso em: 21 set. 2022.

BRASIL. *Constituição da República Federativa do Brasil, de 05.10.1988*. Brasília, 1988.

BRASIL. *Lei nº 7.716, de 05 de janeiro de 1989*. Brasília, 1989. Disponível em: https://www.planalto.gov.br/ccivil_03/leis/l7716.htm Acesso em: 25 jun. 2023.

BRASIL. *Lei nº 8.213, de 24 de julho de 1991*. Dispõe sobre os Planos de Benefícios da Previdência Social e dá outras providências. Disponível em: http://www.planalto.gov.br/ccivil_03/leis/l8213cons.htm. Acesso em: 21 set. 2022.

BRASIL. *Decreto nº 10.936, de 12 de janeiro de 2022*. Brasília, 2022. Disponível em: http://www.planalto.gov.br/ccivil_03/_ato2019-2022/2022/decreto/D10936.htm. Acesso em: 22 abr. 2023.

BRASIL. *Lei Federal nº 10.639, de 10 de janeiro de 2003*. Brasília, 2003. Disponível em: http://etnicoracial.mec.gov.br/images/pdf/lei_10639_09012003.pdf. Acesso em: 22 abr. 2023.

BRASIL. *Lei Federal nº 11.645, de 10 de março de 2008*. Brasília, 2008. Disponível em: http://etnicoracial.mec.gov.br/images/pdf/lei_11645_100308.pdf. Acesso em: 22 abr. 2023.

BRASIL. *Lei Federal nº 12.288, de 20 de julho de 2010*. Brasília, 2010. Disponível em: http://www.planalto.gov.br/ccivil_03/_Ato2007-2010/2010/Lei/L12288.htm. Acesso em: 22 abr. 2023.

BRASIL. *Lei Federal nº 12.711, de 29 de agosto de 2012*. Brasília, 2012. Disponível em: http://www.planalto.gov.br/ccivil_03/_ato2011-2014/2012/lei/l12711.htm. Acesso em: 22 abr. 2023.

BRASIL. *Lei nº 12.305, de 02 de agosto de 2010*. Institui a Política Nacional de Resíduos Sólidos; altera a Lei nº 9.605, de 12 de fevereiro de 1998; e dá outras providências. Brasília, 2010. Disponível em: http://www.planalto.gov.br/ccivil_03/_ato2007-2010/2010/lei/l12305.htm. Acesso em: 24 set. 2022.

BRASIL. *Lei nº 12.529, de 30 de novembro de 2011*. Institui a Política Nacional de Resíduos Sólidos; altera a Lei nº 9.605, de 12 de fevereiro de 1998; e dá outras providências. Brasília, 2010. Disponível em: hhttp://www.planalto.gov.br/ccivil_03/_ato2011-2014/2011/lei/l12529.htm. Acesso em: 24 set. 2022.

BRASIL. *Lei nº 12.846, de 1º de agosto de 2013*. Brasília, 2013. Disponível em: http://www.planalto.gov.br/ccivil_03/_ato2011-2014/2013/lei/l12846.htm. Acesso em: 24 set. 2022.

BRASIL. Ministério do Meio Ambiente. *Logística Reversa*. 2014. Disponível em: http://www.mma.gov.br/cidades-sustentaveis/residuos-perigosos/logistica-reversa. Acesso em: 22 abr. 2023.

BRASIL. *Resolução CNE/CP nº 001, de 17 de Junho de 2004*. Institui Diretrizes Curriculares Nacionais para a Educação das Relações Étnico-Raciais e para o Ensino de História e Cultura Afro-Brasileira e Africana. Brasília: Conselho Nacional de Educação/Conselho Pleno, 2014. Disponível em: http://portal.mec.gov.br/cne/arquivos/pdf/res012004.pdf. Acesso em: 22 abr. 2023.

CARTA DA TERRA. 1992. Disponível em: http://www.mma.gov.br/estruturas/agenda21/_arquivos/carta_terra.pdf. Acesso em: 27 jan. 2019.

CARVALHO, Maria Braga de Carvalho. *Contabilidade ambiental*: teoria e prática. Curitiba: Juruá, 2008.

COIMBRA, Marcelo de; MANZI, Vanessa Alessi (org.). *Manual de compliance*. São Paulo: Atlas, 2010.

COMISSÃO BRASILEIRA DE RELATO INTEGRADO. Disponível em: http://www.relatointegradobrasil.com.br/conteudo_pt.asp?idioma=0&tipo=55183&conta=28. Acesso em: 27 jan. 2019.

COMMITTEE OF SPONSORING ORGANIZATIONS OF THE TREADWAY COMMISSION (COSO). *Fraud Risk Management Guide*. 2016. Disponível em: https://www.coso.org/Documents/COSO-Fraud-Risk-Management-Guide-Executive-Summary.pdf. Acesso em: 27 jan. 2019.

CONSELHO FEDERAL DE CONTABILIDADE (CFC). *Norma Brasileira de Contabilidade NBC TG 1001, de 18 de novembro de 2021*. Disponível em: https://www2.cfc.org.br/sisweb/sre/detalhes_sre.aspx?Codigo=2021/NBCTG1001&arquivo=NBCTG1001.doc. Acesso em: 21 set. 2022.

CONSELHO FEDERAL DE CONTABILIDADE (CFC). *Norma Brasileira de Contabilidade, NBC TG 1002 de 18 de novembro de 2021*. Disponível em: https://www2.cfc.org.br/sisweb/sre/detalhes_sre.aspx?Codigo=2021/NBCTG1002&arquivo=NBCTG1002.doc. Acesso em: 21 set. 2022.

CONSELHO FEDERAL DE CONTABILIDADE (CFC). *Norma Brasileira de Contabilidade NBC TI 01 – Auditoria Interna, de 28 de novembro de 2003*. Disponível em: https://www2.cfc.org.br/sisweb/sre/detalhes_sre.aspx?Codigo=2003/000986. Acesso em: 21 set. 2022.

CONSELHO FEDERAL DE CONTABILIDADE (CFC). *Resolução CFC 1.418/12*. Aprova a ITG 1000 (Interpretação Técnica Geral 1000) – Modelo Contábil para Microempresa e Empresa de Pequeno Porte – Brasília: CFC, 2012.

CONSELHO NACIONAL DE DEFESA AMBIENTAL (CNDA). *Certificações ambientais*. Disponível em: http://www.cnda.org.br/html/certificacoes.asp. Acesso em: 22 abr. 2023.

CONTROLADORIA GERAL DO DISTRITO FEDERAL (CGDF). *Estudo revela que 74% das empresas brasileiras divulgam suas políticas de integridade e combate à corrupção*. 14.05.2019. Disponível em: http://www.cg.df.gov.br/estudo-revela-que-74-das-empresas-brasileiras-divulgam-suas-politicas-de-integridade-e-combate-a-corrupcao/. Acesso em: 10 fev. 2021.

COSTA, Alfredo Bruto. *Exclusões sociais*. Lisboa: Gradiva Publicações, 1998.

COSTA, Cláudia Soares; VISCONTI, Gabriel Rangel. *Terceiro setor e desenvolvimento social*: relato setorial. n. 3. Brasília: BNDES – Gerência de Estudos Setoriais, 2001.

DEL ÁGUILA, Levy. Las exigencias éticas de la responsabilidad social u el desarrollo sostenible. *In*: DEL ÁGUILA, Levy (ed.). *Ética de la gestión desarrollo y responsabilidad social*. Lima: Pontificia Universidad Católica del Perú, 2014. p. 105-132.

DRUCKER, Peter Ferdinand. *Administrando em tempos de grandes mudanças*. São Paulo: Pioneira; Publifolha, 1999.

DYLLICK, Thomas; HOCKERTS, Kai. Beyound the business case for corporate sustentability. *Business Strategy and the Environment*. v. 11, p. 130-141, 2002.

ECCLES, Robert G.; KRZUS, Michael P. *Relatório único*. São Paulo: Saint Paul Editora, 2011.

ELKINGTON, John. *Cannibals with forks*: the triple bottom line of 21st century business. Oxford: Capstone, 1999.

GARCÍA, Fernando Navarro. *Responsabilidade social corporativa*: teoría e práctica. México: Alfaomega Grupo Editor, 2013.

HESS, Cida; BRANDÃO, Mônica. As tendências da governança corporativa. *Revista RI – Relações com Investidores*, n. 216, set. 2016. Disponível em: https://www.revistari.com.br/206/1154. Acesso em: 31 jan. 2021.

INSTITUTO BRASILEIRO DE GEOGRAFIA E ESTATÍSTICA (IBGE). *Censo Demográfico 2010*. Rio de Janeiro: IBGE, 2010. Disponível em: https://www.ibge.gov.br/estatisticas/multidominio/genero/9662-censo-demografico-2010.html?=&t=o-que-e. Acesso em: 22 abr. 2023.

INSTITUTO BRASILEIRO DE GOVERNANÇA CORPORATIVA (IBGC). *Código das Melhores Práticas de Governança Corporativa*. 4. ed. São Paulo: IBGC, 2009. Disponível em: https://conhecimento.ibgc.org.br/Paginas/Publicacao.aspx?PubId=21141. Acesso em: 22 abr. 2023.

INSTITUTO BRASILEIRO DE GOVERNANÇA CORPORATIVA (IBGC). *Código das Melhores Práticas de Governança Corporativa*. 5. ed. São Paulo: IBGC, 2015. Disponível em: https://conhecimento.ibgc.org.br/Paginas/Publicacao.aspx?PubId=21138. Acesso em: 22 abr. 2023.

INTERNATIONAL INTEGRATED REPORTING COUNCIL (IIRC). *A Estrutura Internacional para Relato Integrado*. Direitos Autorais © Dezembro de 2013 do Conselho Internacional para Relato Integrado ('IIRC'). Disponível em: http://integratedreporting.org/wp-content/uploads/2015/03/13-12-08-THE-INTERNATIONAL-IR-FRAMEWORK-Portugese-final-1.pdf. Acesso em: 27 jan. 2017.

INTERNATIONAL INTEGRATED REPORTING COUNCIL (IIRC). Disponível em: https://www.integratedreporting.org/. Acesso em: 22 abr. 2023.

INTERNATIONAL WORK GROUP FOR INDIGENOUS AFFAIRS. *The Indigenous World 2015*. Cæcilie Mikkelsen. 2015. Disponível em: https://www.iwgia.org/images/publications/0716_THE_INDIGENOUS_ORLD_2015_eb.pdf. Acesso em: 1 mai. 2019.

ITAÚ. *Itaú Unibanco compõe novamente o Índice de Sustentabilidade Empresarial da B3 (ISE)*. 03.12.2019. Disponível em: https://www.itau.com.br/relacoes-com-investidores/Download.aspx?Arquivo=birbD2VoWNbCfePJGDkheA==#:~:text=Criado%20em%202005%20pela%20B3,dimens%C3%B5es%20que%20medem%20sustentabilidade%20empresarial. Acesso em: 20 jan. 2021.

KAHN, Mauro. *Gerenciamento de projetos ambientais*. Rio de Janeiro: E-Papers Serviços Editoriais, 2003.

LOPES, Antonio Paraguassú. *Ética na propaganda*. São Paulo: Baraúna, 2010.

MALHEIROS, Tadeu Fabrício; COUTINHO, Sonia Maria Viggiani; PHILIPPI JÚNIOR, Arlindo. Desafios do uso de indicadores na avaliação da sustentabilidade. *In*: PHILIPPI JR., Arlindo; MALHEIROS, Tadeu Fabricio (eds.). *Indicadores de sustentabilidade e gestão ambiental;* [S.l: s.n.], 2013.

MINISTÉRIO DA SAÚDE. *Biblioteca Virtual em Saúde*. Disponível em: https://bvsms.saude.gov.br/. Acesso em: 25 jun. 2023.

MINISTÉRIO DO MEIO AMBIENTE. Disponível em: https://www.gov.br/mma/pt-br. Acesso em: 21 set. 2022.

NAÇÕES UNIDAS NO BRASIL. ONUBR. Disponível em: https://brasil.un.org/pt-br/91601-declara%C3%A7%C3%A3o-universal-dos-direitos-humanos. Acesso em: 22 abr. 2023.

OESTE MAIS. *Empresas de Xanxerê contratam mão de obra haitiana*. 2014. Disponível em: https://www.oestemais.com/geral/2014/01/25/empresas-de-xanxere-contratam-mao-de-obra-haitiana/. Acesso em: 22 abr. 2023.

OLARTE, Efraín Gonzales de. Integración para la inclusión con desarrollo humano en el Perú. *In*: TUBINO, Fidel; ROMERO, Catalina; OLARTE, Efraín Gonzales. *Inclusiones y desarrollo humano*: ralaciones, agencia, poder. Lima: Fondo Editorial de la Pontificia Universidad Católica del Perú, 2014. p. 35-64.

ORGANIZAÇÃO PARA A COOPERAÇÃO E DESENVOLVIMENTO ECONÔMICO (OCDE). Manual de Oslo. *Diretrizes para coleta e interpretação de dados sobre inovação*. 3. ed. Brasília: Finep, 2005.

PERES, João Roberto; BRIZOTI, Nilson. *Compliance corrupção e fraudes no mundo empresarial*. Guia Básico de Referência. E-book. Disponível em: https://www.komp.com.br/gallery/ccfme-v1-ebook2a.pdf. Acesso em: 18 maio 2023.

PORTAL VANZOLINI. *Estrutura Normativa do RG Mat*. Disponível em: https://vanzolini.org.br/rgmat/estrutura-normativa-do-rg-mat/. Acesso em: 30 jan. 2019.

POVOS INDÍGENAS NO BRASIL (PIB). *Quadro geral dos povos*. Disponível em: https://pib.socioambiental.org/pt/Quadro_Geral_dos_Povos. Acesso em: 1 maio 2019.

RIBEIRO, Darcy. *O povo brasileiro*: a formação e o sentido do Brasil. 2. ed. São Paulo: Companhia das Letras, 2003.

SAFFIOTI, Heleieth. *O poder do macho*. São Paulo: Moderna, 1987.

SANTOS, Fernando de Almeida. Ética e responsabilidade social: uma prática cotidiana. *In*: BARROS NETO, João Pinheiro. *Administração de organizações complexas*: liderando e simplificando a gestão para criar valor e maximizar resultados. Rio de Janeiro: Qualitymark, 2009. p. 483-507.

SANTOS, Tamires Quintino dos; AMARAL, Emília de Araújo; SILVA, Fernando Linhares da. Um estudo de caso da empresa Odebrecht. *Revista das ciências da Saúde e Ciências aplicas do Oeste Baiano*, v. 4, n. 2, p. 126-140, 2019. Disponível em: http://www.fasb.edu.br/revista/index.php/higia/article/download/584/509. Acesso em: 25 jan. 2021.

SAVITZ, Andrew W.; WEBER, Karl. *The triple bottom line*: how today's best-run companies are achieving. San Francisco: John Wiley, 2007.

SCHUMPETER, Joseph A. *Teoria do desenvolvimento econômico*: uma investigação sobre lucros, capital, crédito, juro e o ciclo econômico. São Paulo: Abril Cultural, 1982.

STOCK, James. *Development and implementation of reverse logistics*. Cleveland: Material Handling Management, 2001.

THORP, Rosemary. El problema de la desigualdad en América Latina y El Perú: desafío para las políticas públicas de equidad e inclusión social. *In*: MUÑOZ, Ismael. *Inclusión social*: enfoques, políticas y gestión pública en el Perú. Lima: Pontifícia Universidad Católica del Perú, 2014. p. 21-29.

TOMÉ, Flávio. *Tudo que você precisa saber sobre selo verde e ecoetiquetas*: certificações ambientais e sociais. São Paulo: Projeto W3, 2008.

TTT – Tech Top 10. *5G. Better, faster, less sustainable, less secure?* 2018. Disponível em: http://reillytop10.com/2018/12/15/5g/. Acesso em: 22 abr. 2023.

UNITED STATES GREEN BUILDING COUNCIL (USGBC). *Better buildings are our legacy*. Disponível em: https://new.usgbc.org/leed. Acesso em: 30 jan. 2019.

VALLAEYS, François. Definir la responsabilidad social. Una urgência filosófica. *In*: DEL ÁGUILA, Levy (ed.). *Ética de La Gestión Desarrollo Y Responsabilidad Social*. Lima: Pontificia Universidad Católica del Perú, 2014. p. 133-148.

ÍNDICE ALFABÉTICO

A

Accountability, 27, 87

Acordo de leniência, 140

Agentes responsáveis pelas políticas sustentáveis, 63

Ambiente externo, 56

Aprendizado contínuo, 25

Aspectos multiculturais da formação do povo brasileiro, 123

Atividades de *compliance*, 101

Atos lesivos à administração pública nacional ou estrangeira, 136

Avaliação de sustentabilidade, 73

B

Base para apresentação, 56

C

Capital
- financeiro, 56
- humano, 57
- intelectual, 57
- manufaturado, 56
- natural, 57
- social e de relacionamento, 57

Carta da Terra, 46
- desafios para o futuro, 47

Certificações ambientais, 74

Cinco dimensões da Ética, 19

Classificação das dimensões da Ética corporativa, 21

Código das Melhores Práticas de Governança (IBGC), 39

Código de Conduta, 31, 37
- abrangência do, 37
- aspectos necessários ao, 37
- assuntos abordados pelo, 38
- construção e implementação de, 97
- de políticas inclusivas às PCDs, 116
- empresarial componentes e abrangência do, 37
- institucional construção e implantação de, 31
- pessoas abrangidas, 38
- proposta para desenvolver, 32

Coerência e comparabilidade, 55

Colaboradores de instituições públicas e privadas, 66

Combate à corrupção no Brasil, 135

Compliance, 101
- custos do, 102
- e controle interno, 103
- instrumentos e documentos de, 102
- legislação e normas, 103
- riscos de, 102

Concisão, 55

Conectividade da informação, 55

Confiabilidade e completude, 55

Conselho Federal de Contabilidade (CFC), 98

Constituição Federal e direitos relacionados à multicultura, 128

Construção de indicadores, 61

Controle interno, 103

Cultura, 25

Custos do *compliance*, 102

D

Demonstrações obrigatórias, 98

Demonstrativos de natureza social, ambiental e econômico-financeira

- origem dos, 45
- relevância e tipos de, 48

Desafios das instituições em relação à Ética corporativa, 13

Desempenho, 56, 69

Desenvolvimento, 61
- das políticas gerais de governança, 91
- de instrumentos de Governança Corporativa para micro e pequenas empresas, 93
- de políticas
-- inclusivas corporativas, 116
-- para inclusão social, 109, 111

Destruição criadora, 26

Diagrama dos capitais de um relato integrado, 57

Diferenças
- entre Ética e Moral, 9
- individuais, 19

Dilemas éticos, 7

Dimensões da Ética, 19
- aprendizado contínuo, 25
- Governança Corporativa, 27
- inovação, 26
- respeito à multicultura, 24
- sustentabilidade, 21

Discriminação regional, 113

E

Ecoetiqueta, 74
- institucional, 77

Eficiência, 109

Elaboração de indicadores mínimos, 99

Equidade, 27, 86
- corporativa, 31

Erro, 102

Estratégia e alocação de recursos, 56

Estrutura
- da Governança Corporativa, 86
- jurídica da empresa, 99

Ética, 9
- conceito de, 7, 8
- corporativa, 13, 123, 124
- dimensões da, 19
- e multicultura, 123
- empresarial, 107
- exemplos de, 9

Exclusão
- por gênero, 114
- social, 110, 112
-- de ordem
--- cultural, 113
--- econômica, 112
--- patológica, 113
--- social, 113
-- por comportamentos autodestrutivos, 114

F

Foco estratégico e orientação para o futuro, 55

Formação étnico-racial do povo brasileiro, 124

Formulação das cinco dimensões da Ética, 19

Fraudes, 101, 102

Futuro da Governança Corporativa e das políticas éticas, 91

G

Garantia da cultura, 130

Geradores de resíduos sólidos, 74

Gerenciamento de resíduos sólidos, 74

Gestão de logística reversa, 73

Globalização, 19

Governança, 56
- Corporativa, 27, 83
-- conceito de, 85
-- estrutura da, 86

- - futuro da, 91
- - Instituto Brasileiro de, 27
- - princípios básicos de, 86
- - proposta para microentidades e pequenas empresas, 97

I

Inclusão social, 109
- nas empresas, 117

Indicadores, 67
- ambientais nacionais, 78
- construção de, 61
- de natureza social, ambiental e econômico--financeira, 70
- e formas de medição, 68
- para acompanhar o desempenho ou *performance*, 69

Índice de Sustentabilidade Empresarial (ISE), 77

Infrações de ordem econômica, 138

Inovação, 26
- de marketing, 26
- de processo, 26
- de produto, 26
- organizacional, 26

Instituição multicultural, 123

Instituto
- Brasileiro de Governança Corporativa, 27
- Novo Ser, 117

Instrumentos e documentos de *compliance*, 102

Integrated reporting, 53

International Integrated Reporting Council (IIRC), 53

Intersecções do *triple bottom line*, 22

Intolerância religiosa, 113

Isonomia, 86, 111

J

Justiça, 109

L

Leed (*Leadership in Energy and Environmental Design*), 75

Legislação para PCDs, 115

Lei federal nº
- 8.213/1991, 115
- 10.639/2003, 127
- 11.645/2008, 127
- 12.288/2010, 127
- 12.711/2012, 127
- 12.846/2013, 135
- Leniência, 140

Limitações de recursos, 110

Logística reversa, 73

M

Materialidade, 55

Meio ambiente, 61
- constante mutação, 62

Microentidades, 98

Ministério do Trabalho e Emprego (MTE), 116

Modelo de negócios, 56

Moral, 9

exemplos de, 9

Movimento de Responsabilidade Social das Empresas (SER), 46

Multicultura, 15, 123, 131
- Constituição Federal e os direitos relacionados à, 128
- corporativa, 123
- políticas de ação afirmativa e, 125

Multiculturalidade, 25

N

Norma(s)
- Brasileira Contábil NBC TG 1002, 98
- Internacionais de Contabilidade, 92

O

Organismos internacionais, 64

Organização para Cooperação Econômica e Desenvolvimento (OCDE), 26

Órgãos públicos, 63

P

Participação direta ou indireta em projetos, 116, 117

Pequenas empresas, 98

Performance, 69

Perspectiva, 56

Pessoas com deficiência, 114

Planejamento
- da infraestrutura, 115
- financeiro, 64

Plano de inclusão social, 117

Pobreza, 110

Política(s)
- afirmativas, 131
- corporativas
- - éticas, sustentáveis e multiculturais, 19
- - para minimizar segregações culturais ou étnico-raciais, 131
- de ação afirmativa, 125, 127
- de apoio ou parcerias, 67
- de gestão inclusiva, 109
- de Governança Corporativa, 92
- de logística reversa, 73
- de sustentabilidade, 65
- - corporativa, 67
- e práticas cotidianas, 115
- e procedimentos éticos para a construção de uma sociedade melhor, 93
- éticas futuro das, 91
- excludente, 115
- Nacional de Resíduos Sólidos (PNRS), 74
- permanentes, 67
- sociais, 63
- - aspectos ambientais, 64
- - aspectos econômicos, 64
- sustentáveis, 73

População em geral, 66

Postura assistencialista ou incorreta, 115

Povos indígenas, 130

Prefácio da Carta da Terra, 46

Prestação de contas (*accountability*), 27, 87

Princípio(s)
- da Carta da Terra
- - I – respeitar e cuidar da comunidade da vida, 47
- - II – integridade ecológica, 47
- - III – justiça social e econômica, 47, 48
- - IV – democracia, não violência e paz, 48
- da igualdade, 110, 111
- da isonomia, 110

Processo de desenvolvimento e implantação do Código de Conduta, 31

Programa de rotulagem ambiental (*ecolabelling*), 76

Projetos
- ambientais e sustentáveis, 67
- do Príncipe de Gales, 53
- que buscam a inclusão social, 116

Q

Qualidade
- sem responsabilidade, 46
- técnica, 74

R

Racismo, 113

Recursos mínimos para a vida com dignidade, 110

Relacionamento, 86

Relações com partes interessadas, 55

Relato integrado, 53
- concepção do, 53
- elementos de conteúdo, 55
- objetivos específicos do, 54
- princípios do, 55
Resolução CNE/CP nº 1, de 17 de junho de 2004, 127
Respeito à multicultura, 24
Responsabilidade
- corporativa, 27, 87
- da empresa não deve se limitar ao seu impacto ao meio ambiente, 62
- das pessoas jurídicas, 135
- social, 23
- - Corporativa (RSC), 46
Responsabilização administrativa contra corrupção, 137
RGMAT, 76
Riscos
- de *compliance*, 102
- e oportunidades, 56
Rótulo Ecológico ABNT, 75, 76

S

Sanções contra corrupção, 137
Segregações culturais ou étnico-raciais, 131
Selos verdes, 75
Serviço Nacional de Aprendizagem Industrial (SENAI), 116

Sistema, 85
- de gerenciamentos de resíduos sólidos, 73
- Público de Escrituração Digital (SPED), 64
Sócios e administradores de empresas privadas, 65
Stakeholders, 31, 38
Sustentabilidade, 21, 61, 64
- organizacional, 22
- - aspectos ambientais, 22
- - aspectos econômicos, 24
- - aspectos sociais, 23

T

Terceiro setor, 66
Transparência, 27, 86
- na área pública e no terceiro setor, 93
Tributação, 64
Tripé da sustentabilidade, 21
Triple Bottom Line, 20, 21

V

Visão geral organizacional, 56

W

Whistleblower, 38

X

Xenofobia, 113